3x Nürnberg

3x Nürnberg

Eine Bilderfolge aus unserem Jahrhundert

Texte:
Ernst Eichhorn — Das historische Nürnberg
Georg Wolfgang Schramm — Die Zerstörung
Otto Peter Görl — Der Wiederaufbau

VAH

Verlag A. Hofmann · Nürnberg

Gesamtherstellung:
Druckerei und Verlag A. Hofmann, Nürnberg
 Printed in Germany 1988
Schutzumschlag: Theo Scherzer, Fürth
ISBN 3-87191-124-0
Auslieferung an den Buchhandel:
M. Edelmann, Nürnberg

In der Dokumentation von Geschichte und Gegenwart der Noris hat unser Verlagshaus bereits bedeutende Akzente gesetzt. In unserem Sortiment sind unter anderem sowohl mehrere Bildbände, die das moderne Nürnberg darstellen, als auch die beliebte Reihe „Nürnberger Erinnerungen“, die zeigt, wie es früher war.

Mit der vorliegenden Ausgabe „3x Nürnberg — Eine Bilderfolge aus unserem Jahrhundert“, soll dem Liebhaber unserer Stadt und auch dem geschichtlich Interessierten in einem einzigen Band das Gegenüber von historischer Größe, entsetzlicher Zerstörung und kraftvoller Neugestaltung vor Augen gestellt und in den Texten namhafter Autoren erläutert werden.

Erst das bildliche Nebeneinander dieser historischen Epochen vermittelt dem Betrachter den Brückenschlag durch unser bedeutsames Jahrhundert. Es genügt nicht, nostalgisch der guten, alten Zeit zu gedenken, ebensowenig wie es sinnvoll ist, selbstzerstörerisch in den Wunden der Vergangenheit zu rühren. Nürnberg wurde wieder aufgebaut und hat sein Gesicht nicht verloren. Die Bilder des Wiederaufbaus sind gerade in ihrer Gegenüberstellung Zeichen der Hoffnung und der nichterloschenen schöpferischen Kraft dieser Stadt, in der Alt und Neu, Baudenkmäler und moderne Industriekultur sich zu einer neuen Einheit verbunden haben, auf die die Bürger Nürnbergs zu Recht stolz sind und die bis auf den heutigen Tag Menschen aus aller Welt in die Mauern unserer Stadt zieht.

Daß diese Dokumentation mit ihren verschiedenen Facetten möglich wurde, verdanken wir unter anderem der Bildstelle und Denkmalsarchiv des Hochbauamtes sowie Frau Hildegard Sander, die wertvolle Arbeit in der Vorbereitung dieses Buches leistete.

Dank gebührt auch unseren drei Autoren Dr. Ernst Eichhorn, Otto Peter Görl und Dr. Wilhelm Georg Schramm.

Günter Hofmann

Ernst Eichhorn

Das historische Nürnberg vor der Zerstörung

Laudatio Norimbergae

Nürnberg und Rothenburg begründen den Ruhm Frankens als „Klassische Städtelandschaft". In dieser Kulturlandschaft verdichten sich historische „Gestalten und Mächte" in Stadtpersönlichkeiten von unverwechselbarer Eigenart. Erscheint Rothenburg in dissonanzfreiem Akkord von Landschaft und Burgstadt als Inbegriff der „alten deutschen Stadt" schlechthin, so sublimiert sich im „Gesamtkunstwerk Nürnberg" die deutsche Kaiserstadt des Mittelalters mit souveräner Aussagekraft zu einem Kulturzentrum von europäischer Geltung. Lebt die Glorifizierung Rothenburgs von der langen Reihe anschaulicher Stadtansichten aus einem halben Jahrtausend, die nicht müde werden, das „Fränkische Jerusalem" als Reichs- und Sakrallandschaft darzustellen, so kann Nürnberg seit dem Mittelalter zusätzlich zahlreiche Lobpreisungen anführen, die vom 14. Jahrhundert bis zu den romantischen Hymnen eines Tieck, Wackenroder und Adalbert Stifter reichen. Dieser hat Nürnberg als „die schönste Stadt, die ich je gesehen habe" gerühmt; es gab natürlich auch gegenteilige Stimmen, die ganz auf den Geist des 19. Jahrhunderts ausgerichtet waren. Die Bedeutung der Reichsstadt wurde also nicht zuletzt in ihrer Erscheinung reflektiert. Als „europäische Stadtlandschaft" hat sie kaum einer besser charakterisiert als Kardinal Enea Silvio de Piccolomini, späterer Papst Pius II. (1405—1464), in einer Person Staatsmann, Feldherr, Gelehrter und Mäzen. Seine Residenzstadt Pienza zeigt heute noch zahlreiche Berührungspunkte mit deutscher Spätgotik. Während die Repräsentanten der italienischen Frührenaissance (Quattrocento) die Kunst des Nordens eher abschätzig als „L'arte tedesca, l'arte gotica, l'arte barbara!" bewerteten, fühlte sich Enea Silvio, der längere Zeit als päpstlicher Legat in Deutschland geweilt hatte, von dieser fremdartigen Kunst des Nordens angezogen. Seine Laudatio auf Nürnberg von 1457: „Wenn man diese herrliche Stadt aus der Ferne erblickt, zeigt sie sich in wahrhaft majestätischem Glanze. Die Kirchen sind prachtvoll, die kaiserliche Burg blickt fest und stolz herab und die Bürgerhäuser erscheinen wie für Fürsten gebaut." Nicht weniger emphatisch äußerte sich sein fränkischer Zeitgenosse, der Bamberger Domherr Albrecht v. Eyb (1449—1475): „Wäre Nürnberg mein, ich wollt's in Bamberg verzehren." Nürnberg wurde also als höchster Maßstab für städtisches Ansehen mit der Domstadt in Vergleich gezogen.

Erst Albrecht Dürer gelang es bei seinem zweiten Aufenthalt in Venedig (1505) die Bewunderung seiner Kunst mit seinem heute in der Prager Nationalgalerie befindlichen „Rosenkranzfest" zu erringen, um als „germanus" gleichrangig neben die hochgerühmten Maler des Südens, etwa die Künstlerfamilie Bellini, gestellt zu werden. Als er 1511 als „noricus" in seinem Allerheiligenbild für die Landauersche Zwölfbrüderkapelle in Nürnberg (heute Wien, Kunsthistorisches Museum) den Namen seiner Vaterstadt anbrachte, war dieser bereits als unbestrittenes Gütesiegel akzeptiert! Das „Nürnbergische" galt fortan als Maßstab für Hochkultur; die Reichs- und Kaiserstadt war geistig zum „Florenz des Nordens" geworden. Martin Luther hat Nürnberg in diesem Sinn prägnant charakterisiert, wenn er sie 1528 als „Auge und Ohr Deutschlands" preist, damit in gleicher Weise die Stadt der Kunst wie der humanistischen Gelehrsamkeit umschreibend. Diese Entfaltung entsprach einem durch Jahrhunderte gewachsenen bürgerlichen Lebensgesetz, „einer starken, geheimen inneren Ordnung, die im Wesen und in der Geschichte verbürgt ist" (Wilhelm Hausenstein). Die Patrizier dieser Stadt, die „norimbergenses nobiles", regierten mit Freiheit und Würde. Als Bürger waren sie letzten Endes mit den Handwerkern und übrigen Einwohnern in eine Reihe gestellt. Nirgends wird dies deutlicher als bei der Gleichstellung ihrer Liegegräber auf dem „Camposanto" des Nürnberger Johannisfriedhofs. Wieviel Disziplin und Bürgerstolz spricht aus dem demütigen Selbstbildnis des knienden Werkmeisters Adam Kraft, der auf seinen Schultern zusammen mit Vertretern der Stifterfamilie Imhoff sein kostbares Sakramentshaus trägt! Und wie „nürnbergisch" empfunden lautet die berühmte Grabinschrift, die Willibald Pirckheimer in Form einer lateinischen Metapher auf dem Dürergrabmal des Johannisfriedhofs verewigt hat: „Was von Dürer sterblich war, liegt unter diesem Tumulus begraben!" Wieviel oligarchisches Selbstwertgefühl spricht aus den Dürerschen Porträts Nürnberger Edelbürger bis hin zu Hieronymus Holzschuher! Dieses auch geistige Gesamtkulturwerk Nürnbergs von europäischem Rang wurde durch die barbarischen Zerstörungen des Zweiten Weltkriegs in seinen Grundfesten erschüttert, aber dennoch nicht ausgelöscht. Das anatomische Gerüst des Stadtkörpers blieb mit den architektonischen Fixpunkten in den Ruinen von Burg, Stadtpfarrkirchen, Kommunalbauten und Befestigungslinien bewahrt und gab die Möglichkeit zum Wiederaufbau, wenn auch unter Schmerzen und vielen unwiederbringlichen Verlusten. Ein entscheidender Akzent im Erscheinungsbild war der kongeniale Werkstoff des Nürnberger Burgsandsteins, der heute noch in ehemaligen Abbaugebieten wie im sogenannten „Steinbrüchlein" bei Nürnberg nachzuweisen ist.

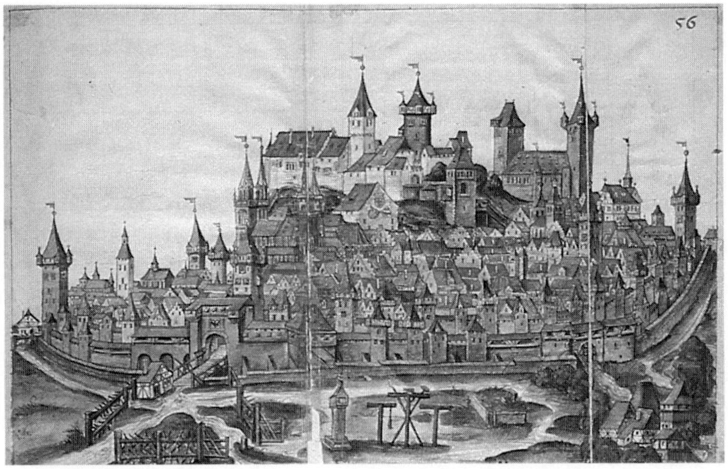

Gesamtansicht Nürnbergs, 1533, aus dem Hallerbuch.

Aus neuerer Zeit darf als unübertroffener Laudator Friedrich Kriegbaum mit seinem Nürnberg-Buch gelten, der die Tradition früherer Jahrhunderte würdig ins Bild gesetzt hat und Nürnberg in seiner unverwechselbaren Persönlichkeit dargestellt hat.

I. Nürnberg im Hochmittelalter (Kaiserzeit)

Das Meßbare als nürnbergische Eigenart

In der herben Bausprache der Reichsstadt Nürnberg, aber auch in den Vertretern ihrer bildenden Kunst, herrscht als Formgefühl die Tendenz zum Rationalen, zum Meßbaren vor. Anders als in westfränkischen Reichsstädten wie Rothenburg und Dinkelsbühl dominiert die plastisch erfüllte „Große Form". Der Klarheit der in beiden Stadthälften polar orientierten Konzeption entsprach als „genius loci" der Wille zur monumentalen Verdichtung, vor allem im Rahmen der Architektur. Von Anfang an war „diesem Stadtwesen ein hartes ostfränkisches Stigma aufgeprägt". Doppelburg und Doppelstadt wurden beherrschende Ordnungsfaktoren im Organismus des Stadtbilds. Die beiden annähernd ovalen Teilstädte unterschieden sich in der sozialen und damit auch in der städtebaulichen Infrastruktur: Ringförmiges Wachstum in der überwiegend aristokratischen Stadthälfte von St. Sebald, rechtwinkelig angeordnete Straßenzüge und Gassen auf der Lorenzer Seite, wo sich Kaufmannschaft und Gewerbe etabliert hatten. Die Siedlungen scharten sich um die architektonische Hegemonie der großen Baugewichte, der Stadtpfarrkirchen, Kommunalbauten und Kornhäuser. Die „Große Ordnung", vorgegeben seit den Tagen eines großräumig disponierten Hauptmarkts, treibt schließlich einen Albrecht Dürer zu normgebenden Idealstadtplänen, die das Gefüge der mittelalterlichen Reichsstadt in Vergessenheit geraten lassen. Seine Bemühungen um ein auch proportional ausgewogenes Menschenbild wären ohne ein instinktsicheres Empfinden für Maß und Zahl nicht denkbar gewesen. Freilich blieb dieses Ringen um eine neue Form nicht um seiner selbst willen im Gespräch, sondern wollte als Bekenntnis zum neuen Menschen in der humanistischen Einheit von Körper und Geist verstanden werden. Seine Persönlichkeit war — einem Urteil über Dürer folgend — „glühend und streng zugleich", so, wie sich in idealer Ergänzung seine „Vier Apostel" darstellen. Die sensibel-ätherische Empfindungswelt eines Tilman Riemenschneider wäre in Nürnberg nicht vorstellbar gewesen! Aber auch das ungezügelte, letztlich maßlose Temperament eines Veit Stoß war im nüchternen Nürnberg kaum zu integrieren. Im Erfindungsreichtum des Nürnbergers von Dürer bis zur Industriekultur konnte sich ein angeborenes Talent auf dem Fundament des Meßbaren und Rationalen am konsequentesten erfüllen; das beruhte nicht zuletzt auf der Ausgewogenheit zwischen Tradition und Fortschritt. So zählte Nürnberg zu den wenigen Städten, deren innere Kontinuität folgerichtig in die Entwicklungen der Neuzeit einmünden konnte.

Reichsstadt und fränkische Territorienbildung

Im Allgemeinbewußtsein gilt als Schwerpunkt nürnbergischer Geschichte seine reichsstädtische Entwicklung, auch wenn sich diese erst allmählich entfaltete. Da Reichsstädte frei und nur dem Kaiser unterstellt waren, genossen sie einen historischen Sonderstatus. Damit standen sie in natürlichem Gegensatz zu den Landesfürsten, deren herrschaftlichem Zugriff sie rechtlich entzogen waren. Ein Blick auf eine fränkische Territorienkarte des Spätmittelalters macht die gegensätzlichen Positionen deutlich: In die ausgedehnten Herrschaftsgebiete der Hochstifte und fürstlichen Territorien der Bischöfe von Würzburg, Bamberg und Eichstätt einerseits, der Burggrafen von Nürnberg und späteren Markgrafen von Ansbach „unter" und „ober" Gebirg andererseits, finden sich die Reichsstädte mit wesentlich kleineren Landgebieten gleich Findlingsblöcken eingelagert. Wie Glieder einer Kette reihen sie sich an dem großen Handelsweg von Würzburg nach Augsburg (und Venedig) aneinander, so die Städte Rothenburg, Feuchtwangen und Dinkelsbühl. Westlich von diesem Verkehrsweg dominiert das zeitweise zum Fränkischen Reichskreis gehörige Schwäbisch-Hall (Salz, Münze) mit einer Verbindungsstraße nach Nürnberg über Rothenburg, unterwegs unterteilt durch die kleine Reichsstadt Windsheim und das 1525 nach dem Bauernkrieg degradierte Lenkersheim. In Nördlingen, einer der wichtigsten Messestädte des Mittelalters, kreuzt den Nord-Süd-Weg die sog. „Reichsmessestraße". Sie verläuft von Straßburg über Ulm, Nördlingen nach Nürnberg und Leipzig, unterwegs noch einmal fortifikatorisch verstärkt durch die Reichsstadt Weißenburg.

Der Sonderstatus von Nürnberg weist sich nicht nur durch das größte reichsstädtische Landgebiet aus, sondern auch durch die betonte Ausrichtung seiner kompakten Landballung nach Osten. Wie eine gepanzerte Faust schiebt sich das Reichsstadtgebiet gegen Oberpfalz und Böhmen (Prag) vor und dies in einer ausgesprochenen Herzlandschaft Europas. Sie verleiht Nürnberg von vornherein, vor allem in bezug auf Prag, eine europäische Verbindungsfunktion.

Nürnbergs Gründung um 1040: Sicherung des Reichsgutes

Ursprünglich lag der königliche Schwerpunkt weiter westlich in Fürth. Dann wurde er östlich an die Stelle des heutigen Nürnberg umgepolt — der Burgfelsen empfahl sich als Plateau für eine Burggründung. Die immer wieder aufgewärmte These von der besonders günstigen verkehrsgeographischen Lage — Nürnberg als Schnittpunkt sich kreuzender Verkehrswege — stellt die Entwicklung auf den Kopf und bleibt Legende. Vielmehr hat die wachsende Bedeutung Nürnbergs als königliche Zentrale erst jene Verkehrswege veranlaßt, die sich sternförmig auf die neue Siedlung zuordneten.

Die Notwendigkeit zur Anlage einer Burg ergab sich aus der erforderlichen Sicherung des Reichsgutes, die von dem Salierkaiser Heinrich III. (1039—1056) konsequent betrieben wurde. Seine Vorgänger, vor allem der später heilig gesprochene romorientierte Heinrich II. (1002—1024), waren mit dem Reichsgut sehr großzügig verfahren, besonders durch Schenkungen an die Kirche. Heinrich III. und mit ihm auch die folgenden Salierkaiser Heinrich IV. (1056—1106) und Heinrich V. (1106—1125) waren bestrebt, die Positionen des Kaisers (regnum) gegenüber dem Papst (sacerdotium) zu festigen, eine Konstellation, die sich alsbald im Investiturstreit mit katastrophalen Folgen entladen sollte. Südlich der Pegnitz, die zeitweise die Bistumsgrenze zwischen Eichstätt und Bamberg markierte, entstand ein Königshof im Bereich der späteren Jakobskirche. Damit war erstmals die künftige Doppelpoligkeit Nürnbergs mit der Teilungslinie Pegnitz und den beiderseits ansteigenden Siedlungshälften St. Sebald und St. Lorenz (anstelle älterer ursprünglicher Kapellen) fixiert. Wie bei dem ein halbes Jahrhundert älteren „Fränkischen Rom Bamberg", der Bischofsstadt auf den vier Kirchenhügeln, bedeutete der Gründungsakt 1040 für Nürnberg bereits die Weichenstellung für die künftige Stadtentwicklung.

Früheste Bautätigkeit der „Königsstadt" (vorreichsstädtische Zeit)

Die älteste Burganlage hatte ihren Standort im Ostteil des Burgplateaus, vermutlich schon mit dem „Fünfeckigen Turm". Sie muß fortifikatorisch bereits stark ausgebaut gewesen sein; dies beweisen die Belagerungen zur Zeit Heinrichs V. und seines Nachfolgers Lothar von Supplinburg (1125—1137). Erst danach ging die Burg endgültig in

Egidienkirche, Ruine der ehemaligen romanischen Schottenklosterkirche nach Brand 1696. Abgezeichnet von Joh. Andr. Graff.

staufischen Besitz über. Damals bestand unterhalb der Burg eine zugehörige Siedlung, die einen ihrer Ansatzpunkte im Bereich des königlichen Bauhofs erlebte, dort, wo sich unter Konrad III. (1138—1152) — nicht zufällig — das *Schottenkloster St. Egidien* erhob. Unter den Mönchsorden der staufischen Kaiserzeit galten in der Auseinandersetzung mit dem Papst die Schottenmönche als betont kaisertreu und erfreuten sich deshalb besonderer kaiserlicher Förderung. Schwerpunkt der Schotten war die Stadt Regensburg, wo damals der eindrucksvolle Bau der Schottenkirche St. Jakob entstand. Die Schottenmönche zeigten sich als Meister der Klosterbaukunst den bauerfahrenen Zisterziensern ebenbürtig. Sie erhielten den Auftrag zur Errichtung der Egidienkirche in Form einer dreischiffigen flachgedeckten Pfeilerbasilika, Nürnbergs einziger Großkirche in romanischer Zeit. Der doppeltürmige Kirchenbau mit Westempore (darin wieder vergleichbar der Regensburger Schottenkirche) war für das mittelalterliche Erscheinungsbild Nürnbergs durchaus markant; das läßt die Nürnberger Ansicht der Schedelschen Weltchronik von 1493 deutlich erkennen. 1696 wurde diese Kirche durch einen verheerenden Brand in Schutt und Asche gelegt. An ihrer Stelle wurde ab 1711 unter weitgehender Beibehaltung von Grundriß und Mauern des romanischen Vorgängerbaus sowie der in Nürnberg beliebten Doppeltürmigkeit (vgl. Sebaldus- und Lorenzkirche) ein Neubau erstellt. An dieser konservativen Einstellung wird bereits erkennbar, welch' hohen Stellenwert man den Kirchen als Gelenkpunkte innerhalb des „Gesamtkunstwerks Nürnberg" einräumte.

Kehren wir zurück zur Ursprungszeit des Egidienklosters. Hier hat sich in der südlich des Gotteshauses parallel geführten Kapellenreihe noch die vor 1150 als königliche Eigenkirche entstandene *„Euchariuskapelle"* erhalten, etwa gleichzeitig mit der an oberpfälzische Karner erinnernden Rundkapelle im nahegelegenen Altenfurt. Sie erfuhr eine einschneidende Raumveränderung um 1220—1230, also kurz vor Baubeginn der Sebalduskirche; durch Einfügung von schlanken Säulen wurde eine zweischiffige gewölbte Hallenkirche verwirklicht, eine Idee, die schon im Regensburger Raum seit der Romanik Gestalt angenommen hatte und die sich bis zum Herrenrefektorium des Klosters Maulbronn verfolgen läßt. Auch in Nürnberg ist eine Tradition der zweischiffigen Hallenkirche festzustellen; sie ist bereits in den Urbauten der Jakobskirche und der Sebalduskirche (romanische Ostkrypta) über die nunmehr dreischiffige Doppelkapelle auf der Kaiserburg bis hin zur Frauenkirche und zu den Hallenchören von St. Sebald und St. Lorenz in immer großartigeren Varianten gesteigert worden. Der spätere Abbruch des romanischen Apsidenchors der Euchariuskapelle, sein Ersatz durch die angebaute großräumige gotische Tetzelkapelle um 1345, greift keimhaft jene Idee eines „Raum-Crescendos" auf, das sich bald darauf in der Sebalduskirche beim Kontrast vom spätstaufischen Langhaus zum durchlichteten Sebalduschor realisierte. Ein Jahrhundert später sollte sich in St. Lorenz die Kontrapunktik vom frühgotisch strenglinigen (rayonnanten) Langhaus und dem lichtdurchfluteten Ostchor zu einer Glanzleistung deutscher Sondergotik entfalten. Doch kehren wir wieder zurück zur Euchariuskapelle, bei der die stolze Bausprache der Stauferzeit eindrucksvoll einsetzte und in Nürnberg erstmals im neuen Zeitgeist auf „reichischer" Grundlage vermittelt wurde. Überraschend vor allem der bauplastische Reichtum der Säulensockel und Kapitelle! Eine solche Fülle an Phantasie hatten die Schotten auch in ihrer Regensburger Jakobskirche und insbesondere in dem von komprimierten mittelalterlichen Glaubensvorstellungen erfüllten Programm des „Schottenportals" überzeugend demonstriert. Es war eine naheliegende Konsequenz, die eindrucksvolle Kunstsprache der Schotten auch auf der Stauferpfalz in die kaiserliche Doppelkapelle einzubringen, womit bereits eine erste Periode Nürnberger Bautätigkeit auf „reichischer" Grundlage versucht wurde, freilich nur ein Vorläufer Nürnberger Bautradition — nicht mehr und nicht weniger.

Die Stauferpfalz Nürnberg

Nicht nur in der Stadt, auch auf dem Burgplateau setzte unter Konrad III. eine intensive Bautätigkeit auf dem westlichen Burgfelsen, gegenüber der alten Salierburg, ein: Eine neue stattliche Kaiserpfalz sollte auf dem Gelände der durch den runden Sinwellturm aufgeteilten Doppelburg den Nimbus der Kaiserresidenz baulich hervortreten lassen. Also an jener Stätte, wo fortan durch mehrere Jahrhunderte Reichs- und Gerichtstage unter Präsenz des jeweiligen deutschen Kaisers stattfanden.

Kultisches Zentrum der Kaiserburg blieb bis zum heutigen Tag die *Doppelkapelle;* mit der Südwand der Stadt mehr ab- als zugewandt, erschloß sich ihr Sinngehalt in künstlerischer Schönheit erst dem, dem Einlaß in die Kaiserpfalz als besondere Gunst gewährt wurde. Der ihr als Chorturm vorgesetzte sogenannte „Heidenturm" präsentiert stadtseitig in abgewitterten Steinplastiken ein imperiales Programm; ihre im Lauf der Jahrhunderte unkenntlich gewordene Erscheinung, vor allem ihr fragmentarischer Zustand, hat dem „Heidenturm" zu seiner mythisch verschlüsselten Nomenclatur verholfen. Offenbar beabsichtigte Kaiser Friedrich Barbarossa eine imperiale Selbstdarstellung, die sich ähnlich unter seinem berühmten Nachfahren Friedrich II. (1212—1250) am Brückentor von Capua nachweisen läßt.

Noch unverhüllter und an Großartigkeit kaum überbietbar tritt die kaiserliche Idee im Innern der Doppelkapelle zutage. Der hierarchische Grundzug in der Aufteilung von Kaiser, Hofstaat und Gefolge offenbart sich in der vertikalistisch orientierten Abfolge von Unter- und Oberkapelle. Beide sind durch vier eingestellte Rundpfeiler in der Unterkapelle und mit diesen korrespondierenden Säulen in der Oberkapelle in der Aufteilung von drei mal drei Jochen festgelegt. Beide Kapellen bilden zusammen reichsgeschichtlich ein Ganzes. Kein Gedanke, daß sie ursprünglich getrennt geplant waren! Die Spuren eines Gewölbes im offenen Mittelschacht können nur von einem Provisorium stammen, dessen Spuren in der Unterkapelle erkennbar sind. Denn neben drei Kapitellen von seltener Schönheit, darunter auch das in anderen Stauferpfalzen nachweisbare Adlerkapitell, blieb ein viertes Kapitell als „Bosse" unvollendet. Hier muß also eine abrupte Bauunterbrechung stattgefunden haben. Denn niemals hätte man eine Kapelle von dieser Bedeutung in einem unfertigen Zustand ihrer Bestimmung übergeben. Eine vorübergehende Einstellung des Baus wäre in der Zeit jener Wirren um die Thronfolge denkbar, die nach dem Tod des

Reichsveste, Obere Pfalzkapelle. Blick nach Westen zur Kaiserempore.

Barbarossasohnes Heinrich VI. (1190—1197) zwischen Staufer- und Welfenanhängern ausgebrochen waren, um 1208 in der Ermordung Philipps von Schwaben in der Bamberger Heinrichspfalz durch Otto von Wittelsbach zu eskalieren. Damals mag auch schon ein Teil der Oberkapelle im Bau gewesen sein, vor allem die Kaiserempore auf gedrungenem Rundpfeiler, der stilistisch mit den Rundpfeilern der Unterkapelle zusammenhängt. Die Bauzäsur von gut einem Jahrzehnt erzwang eine vorübergehende Noteinwölbung. Sie wurde spätestens nach der Vollendung der Oberkapelle entfernt und zeigte auch den Mittelschacht wieder in der ursprünglich beabsichtigten „Steinsichtigkeit". Die Wiederaufnahme der Bauarbeiten dürfte bald nach dem Regierungsantritt Friedrichs II. erfolgt sein. Seine häufige Anwesenheit in Nürnberg in den Jahren 1215—1220 setzt eigentlich den Abschluß der Oberkapelle und damit der ganzen Doppelkapelle voraus. Die prunkvoll herausgestellte Loggia im Westen weist dem Kaiser seinen angestammten Platz zu, den er seit der Aachener Kaiserkapelle im Oktogon und in den Westwerken karolingischer Reichsklöster einnahm. In einem Vorläuferbau, der Palastkapelle San Vitale in Ravenna, befand sich der Kaisersitz als Herrschaftsempore noch in der Seitenwand des Chors, mit dem Mosaik Kaiser Justinians und seiner Gemahlin Theodora zusammenwirkend. Jetzt aber steht der Kaiser unmittelbar im Blickpunkt der Mittelachse, genau gegenüber dem Allerheiligsten im Chor. Über dessen Triumphbogenscheitel blickt das gewaltige Haupt Gottvaters des Weltenrichters den Kaiser als seinen Stellvertreter an. Eine ähnliche Ideenverbindung von Kaiser und Richteramt war auch bei dem erwähnten imperialen Programm des Capuaner Brückentors Friedrichs II. festzustellen. Dem Triumphbogen der Doppelkapelle kam bei diesem „abendländischen" Ritual die Rolle des Glorienscheines zu. Die schmalen Vertiefungen im Gewände dürften ursprünglich mit Edel- oder Halbedelsteinen ausgeziert gewesen sein. Im magischen Widerspiel von farbig erglühendem Chorbogen und dem im Reichsornat thronenden Kaiser auf der Westempore verlebendigte sich die Idee des mittelalterlichen Gottesstaates, der sogenannten „civitas dei", die auf dem Gleichgewicht der Universalgewalten Kaiser- und Papsttum basierte. Dieser Raum voll Staatsmystik und „reichischer" Verdichtung hatte sonst nicht seinesgleichen. In der staufischen Kette von Pfalzen, die sich vom Elsaß über Schwaben bis zur Kaiserpfalz in Eger spannte, bildete die Reichsveste Nürnberg das alle überstrahlende Zentrum. Welchen baulichen Aufwand dabei die Stauferdynastie forderte, verdeutlichen auch die Reste der Stauferpfalz in Rothenburg, deren Palas mit schmuckreichen Doppelfenstern nach einer Erdbebenkatastrophe von 1356 als einziger Bauteil überlebte, während ein Großteil dieses „Steinbruchs" aus hochqualifiziertem staufischem Quadermaterial in der wieder aufgerichteten Talmauer der reichsstädtisch-rothenburgischen Stadtbefestigung Verwendung fand.

Nürnbergs Aufstieg von der Königsstadt zur Reichsstadt

Die Erhebung der Königsburg zur „Reichsveste" führte auch zum Aufstieg Nürnbergs von der Königsstadt zur Reichsstadt oder leitete ihn doch wenigstens ein. Jedenfalls bezog das „reichische" Element die Stadt in seine Baukonsequenzen mit ein. Eine offizielle Erklärung zur Reichsstadt ist nicht nachweisbar. Aber man kann davon ausgehen, daß der große Freiheitsbrief Friedrichs II. von 1219 die Wirkung einer Initialzündung hatte. Deutlich geht aus dieser Urkunde hervor, daß strategische Überlegungen, nicht die Gunst von Natur und Handel, eine ausschlaggebende Rolle gespielt hatten. Denn diese Stadt, so hieß es im kaiserlichen Kommentar, „hatte weder Weinberge noch schiffbare Flüsse". Sie war auf karger Ackerkrume gebaut, ganz auf die Kraft der Selbstbehauptung und auf die Gunst des kaiserlichen Stadtherrn angewiesen. Ihre wachsende Geschichtsmächtigkeit resultierte vielmehr aus der straff geführten Bürgerschaft und dem Geschick, sich kaiserliche Hilfe zunutze zu machen.

Der entscheidende Schritt zur Reichsfreiheit erfolgte in der Zeit des staufischen Abstiegs und nicht zuletzt im sogenannten Interregnum, der „kaiserlosen, der schrecklichen Zeit". Rudolf von Habsburg (1273—1291) hatte die inzwischen eingetretenen Realitäten zu akzeptieren und unterstützte Nürnberg nachhaltig in richtiger Einschätzung seiner eigenen Grenzen und Möglichkeiten. Für Nürnberg artikulierte sich der neue Zeitabschnitt im städtischen Wachstum, in der Erbauung seiner ersten großen Stadtpfarrkirche St. Sebald an Stelle einer vorangegangenen Peter- und Paulskapelle; diese war von der Pfarrkirche in Poppenreuth, der ursprünglichen Grablege des heiligen Sebaldus, betreut worden. Ein spätgotischer Bildteppich aus St. Sebald um 1410, heute im Germanischen Nationalmuseum, schildert die mirakulöse Überführung der Gebeine des späteren Stadtheiligen nach Nürnberg, ein wichtiges Wegzeichen urbanen Aufstiegs. Der Bau der Sebalduskirche, zwischen 1235—1273 errichtet, fällt in die Zeit heftigster Auseinandersetzungen zwischen Kurie und Reich. Zeitweise hing die Gefahr des päpstlichen Bannfluchs (Interdikts) über dem aufblühenden Gemeinwesen.

In der architektonischen Erscheinung von St. Sebald kann man noch nicht uneingeschränkt von „Reichsstadtkunst" sprechen. Die Doppelchoranlage im Grundriß ist noch stark vom Bamberger Dom beeinflußt; in den Details von Langhaus und Westchor wird der Einfluß der Ebracher Zisterzienserbauhütte erkennbar, der hauptsächlich in der steilwüchsigen Proportion des Langhauses (Breite zur Höhe 1:3) schon „protogotisch" angehaucht erscheint — trotz vieler romanesker Einzelformen. Dieses Übergangsstadium bleibt auch in dem Nebeneinander romanischer Kelchblockkapitelle und frühgotisch tendierender Knospenkapitelle sichtbar. Immerhin wird der neue künstlerische Ansatz in der Reichsstadtkirche transparent. Ganz „reichisch" zu deuten bleibt das „Scheintriforium" im Langhaus, ein um diese Zeit ungewöhnliches Motiv, dessen Ahnenreihe auf staufische Pfalzenbaukunst zurückverweist. Damit erfährt der schroffe Vertikalismus des Langhauses einen höchst wirkungsvollen Ausgleich von fast ritterlicher Noblesse. Dieser Pseudoaufgang (Blendtriforium), der nicht betretbar ist, hat dennoch eine praktische Funktion. Er bildet ein Widerlager gegen den offenbar unterschätzten Seitenschub der Bandrippengewölbe, der die Obergadenwände deutlich erkennbar nach außen zu drücken scheint. Altertümlich die Wandschichtung in der Fensterzone, altertümlich auch die „Schrumpfkrypta" im Westchor, verkümmerte Erinnerung an kaiserzeitliche Bautraditionen. Immerhin gibt ihre aufgedeckte Wandbemalung eine Vorstellung, wie einmal der Freskenschmuck im darüberliegenden, leider im Zweiten Weltkrieg total ausgebrannten Engelschor ausgesehen haben mag.

Die Bezeichnung *„Engelschor"* engt die Funktion dieses wichtigen, wahrscheinlich erst während der Bauzeit nach Planwechsel eingebrachten Bauteils, unzulässig ein. Offenbar handelt es sich um eine Kaiserempore, wie sie vor Jahren auch im Westturm der Schwäbisch-Haller Michaelskirche entdeckt (und in der modernen Wandbemalung rekonstruiert) wurde. Die Sebalder Kaiserempore ist fest verankert in einer „reichischen Bautradition" Nürnbergs, die zuerst in der Nürnberger Burgkapelle und im Westteil der Schottenkirche St. Egidien einsetzte, ihre Geltung aber bis ins 14. Jahrhundert beibehält. Das bezeugen die Kaiseremporen in der Frauenkirche und in St. Lorenz. Die Raumenge ist kein Indiz gegen die Funktion als „Kaiserempore", die ja nicht unbedingt vom Herrscher betreten

Eckhaus Winklerstraße/Weinmarkt, „Staufischer" Königskopfadler, um 1315.

werden mußte. Schon ihr Dasein in symbolischer Vertretung des Kaisers genügte. Dem widerspricht nicht die Bezeichnung „Engelschor“, erinnert sie doch an die Lobgesänge (laudes), die seit Karl dem Großen zu Ehren des Imperators erklangen. Besonders markiert wird die Kaiserempore durch eine vorspringende Kanzel, eine der ältesten Erkerformen in Deutschland, möglicherweise als Kaisersitz mit „verschwundenem“ Baldachin gedacht. Als formaler Vergleich sei an die Erkerkanzel in der Kirche des südfranzösischen Dorfes Semur-en-Brionnais erinnert.

Übrigens, einen Baumeisternamen für die Stauferkirche St. Sebald kennt man nicht, so wie das etwa in Gelnhausen bei der Marienkirche der Fall ist, wo der vielleicht älteste Reichsstadtbaumeister namens „Vingerhut“ nachgewiesen werden kann.

Nachstaufische Tradition in Nürnbergs Bildkunst bis 1315/20

Ein auffälliger Charakterzug Nürnbergs — man mag ihn ruhig „reichisch“ nennen — bleibt dem Weiterwirken staufischer Traditionen bis gegen 1315/20 vorbehalten. Die Verbreiterung der Sebalder Seitenschiffe um 1310 bewirkt einen für mittelalterliche Denkweise ungewöhnlichen Vorgang: Die alten bildlosen, romanischen Vorgängerportale werden nicht zerstört, sondern „fassadenhaft“ neben den frühgotischen Peterschor versetzt. Gotische Nachfolgerportale treten an den Seitenschiffen an ihre Stelle, bleiben aber im ältesten Südwestportal mit der zum Gottesacker gewendeten Darstellung des „Jüngsten Gerichts“ (nach 1310) immer noch der Bildtradition des 13. Jahrhunderts verhaftet, obwohl in der Lorenzkirche mit der heroinenhaften Steinmadonna des „Regensburger Erminoldmeisters“ und ihrem „beseligten Lächeln“ längst die Gotik ihren Einzug gehalten hatte. Nicht so in der Sebalder Stadt! Hier gibt man sich ausgesprochen konservativ. Das Bildprogramm weckt Anklänge vom Fürstenportal des Bamberger Kaiserdoms; die „Deesisgruppe“ mit Christus als Weltenrichter und den fürbittend knienden Gestalten von Maria und Johannes zeigt die erste Sebalder Bildhauerwerkstatt noch in den Fußstapfen des „Naumburger Meisters“. Dieser hatte nach einer Lehrzeit in Nordfrankreich sein Wirken zunächst auf deutschem Boden im Bereich der Mainzer Domwerkstatt vollzogen. Von seinen Bilderfindungen zehrt die erste Sebalder Werkstatt noch immer, so daß man hier von einem besonders prägnanten Beispiel nachstaufischer Tradition sprechen kann. Transparent wird diese Beziehung Mainz (Naumburg) — Nürnberg in der Standfigur der heiligen Katharina. Ursprünglich hatte sie mit dem Chorpatron St. Petrus das Gerichtsportal flankiert; heute befindet sie sich aus Schutzgründen im Kircheninnern. Die schlankwüchsige Heilige mit Schwert und tasselbesetztem Mantel strahlt noch den aristokratischen Geist der Minnesängerzeit aus, am ehesten vergleichbar einem im Schnaittacher Heimatmuseum aufbewahrten Kopf einer heiligen Kunigunde. Am meisten aber fällt die Sockelfigur unterhalb der heiligen Katharina in ihrer extremen Drehbewegung und kühnen Rückenansicht auf; die chiastische Komposition erinnert unmittelbar an den Bassenheimer Reiter und damit wieder an die Figuralauffassung des Naumburger Meisters. Dies ein erneuter Hinweis auf die Verbindung von Mainz (Naumburg) — Nürnberg/Sebalduskirche nach 1300. In seiner ritterlichen Idealität und physiognomischen Gestaltung nächst verwandt erscheint der „staufische Königskopfadler“ an einem St. Sebald gegenüberliegenden Eckhaus Weinmarkt/Winklerstraße. Das in ein Rundmedaillon (Tondo) hervorragend eingefügte Adlerwappen steht in der damaligen Heraldik Deutschlands an künstlerischer Qualität vergleichslos. Es zählt zu den frühesten Beispielen dieser Gattung. Darüber hinaus hebt es das Haus, möglicherweise ein Vorläufer des bald folgenden gotischen Rathauses am Markt, repräsentativ heraus. Bei der Renovierung war man um die Wiederherstellung der ursprünglich farbig-goldenen Fassung sehr bemüht. Dieses letzte große Zeugnis staufischer Rückbesinnung wurde bald übertönt von der grellen Häßlichkeit der mystisch-expressiven Kunst seit 1320. Der „Fürst der Welt“, an der Nordseite der Sebalduskirche zeigt eine ausgesprochen körperfeindliche Einstellung und ist ganz von weltentsagender Metaphysik durchdrungen, die den Körper gewissermaßen als „Gefängnis der Seele“ verleugnet. Eine ähnliche Einstellung verrät daneben das typisierte

Marienportal und das Brautportal mit den Gestalten der klugen und törichten Jungfrauen. Staufisch empfunden blieb im bürgerlichen Bereich die an Regensburg erinnernde Gattung der patrizischen Turmhäuser, von denen sich noch das fälschlicherweise so benannte „Nassauer Haus“ gegenüber der Lorenzkirche erhalten hat.

Pilgrimhospital Heiligkreuz, gestiftet von Bertold Haller um 1352/53, Zustand 1938 vor Kriegszerstörung (1945).

II. Das Zwischenkapitel der Mystik in Nürnberg

Das Zeitalter der Pestseuchen und Flagellanten

Um 1320 bricht die nachstaufische Blütezeit abrupt ab. Der welt- und lebensfeindliche Grundzug einer klösterlich-meditativen Mystik legt sich wie Meltau über die zeitgenössischen Schöpfungen. Nichts mehr zu spüren von der hochstilisierten Schönheit staufischen Quaderwerks! Jetzt triumphiert der amorphe Ziegel als Baumaterial in einer Zeit, die vom klösterlichen Geist asketisch agierender Mönche, Nonnen sowie fanatisierter Flagellanten bestimmt wird, eine Epoche, die völlig dem Jenseits zugewendet erscheint. Körperliche Schönheit ist auch für den Künstler verpönt. Mit abweisender Strenge fordern Backsteinkirchen wie die Katharinenkirche und Moritzkapelle auf dem Sebalder Friedhof zur inneren Einkehr und Weltflucht auf. Dumpf und freudlos bergen sich die skulpierten Gestalten mit linearer Strenge in die Gewände der Kirchenportale. Sie kennen keine fröhlichen Ritterspiele mehr. Gleichzeitig verstärkt sich die Bereitschaft zum Dienst am „Nächsten“. Aus solcher Gesinnung erfolgte die Gründung des Heilig-Geist-Spitals durch den Reichsschultheißen Konrad Groß. Sein dortiges Liegegrab mit trauerndem Gefolge erinnert an burgundische „Pleurantgräber“. Charakteristisch ist eine Buchmalerei aus Heilig Geist: „Christus auf dem Krankenbett“, Verkörperung des Bibelworts: „Was ihr getan habt einem unter diesen meinen geringsten Brüdern, das habt ihr mir getan“.

Doch diese Epoche ist in sich widerspruchsvoll. Auch wenn der Neubau des Alten Rathauses in der Nähe des späteren Marktplatzes noch einen — allerdings sehr schmuckreichen — Backsteingiebel erhält, ist hier bereits die Emanzipation des künftigen Reichsstadtbürgers erkennbar. Das städtische Patriziat gewinnt unter Kaiser Ludwig dem Bayern, dem einzigen Wittelsbacher auf dem deutschen Kaiserthron, zusehends an Gewicht. Jetzt wird auch ein Wunsch erfüllt, den schon Heinrich VII. von Luxemburg (1307—1313) im „reichischen“ Sinn ausgesprochen hatte: „Burg und Stadt sollen in Nürnberg ein Ding sein“. Die beiden bis dahin getrennt ummauerten Stadtteile von St. Sebald und St. Lorenz wurden um 1320—1325 durch zwei Pegnitzüberbrückungen am Henkersteg und an der Heubrücke erstmals zur „Gesamtstadt“ verbunden. Damit wurde zugleich die Polarität der Doppelstadt als Antwort auf die Doppelburg einer neuen Auffassung von „Kaiserstadt“ unterstellt. Der stets verschuldete und durch Kämpfe mit dem Papsttum stark strapazierte Ludwig der Bayer, der gelegentlich auch nicht vor der Verpfändung kleinerer Reichsstädte zurückscheute, wandte Nürnberg aus wohlkalkulierten Erwägungen seine besondere Gunst zu. So ließ er der Reichsstadt nach der Niederbrennung von Herrieden 1316, das ein Mordkomplott gegen den ungeliebten Herrscher geplant hatte, die Gebeine des heiligen Deocarus, des ersten Abtes des dortigen Karolingerklosters, lang vor der Kanonisation des heiligen Sebaldus überweisen und zwar als Belohnung für ihre Reichstreue. Der Kaiser erwog genau die Folgen seines Vorgehens. Deocarus, der ehemalige Beichtvater Karls des Großen, eignete sich hervorragend als „Reichsheiliger“ für die Reichs- und Kaiserstadt, von der mit Sicherheit weitere

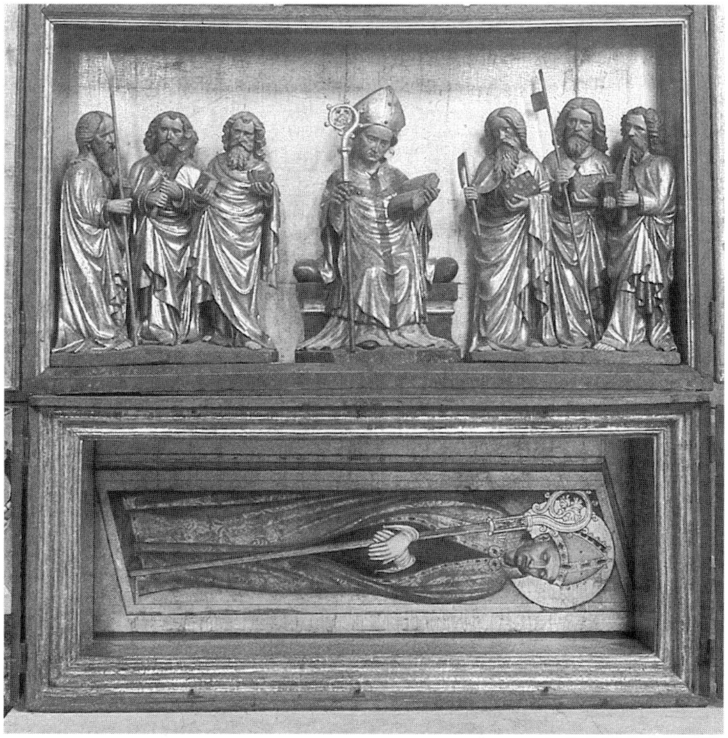

Lorenzkirche, Deocarusaltar, untere Schreinhälfte mit offener Altarstaffel („Deocarus in der Grabesruhe"), 1436/37.

Subsidien zu erwarten waren. Dazu kam die Volkstümlichkeit des heiligen Deocarus, der in einer Zeit grassierender Augenkrankheiten als „Augenheiliger" besonders verehrt wurde. Man errichtete ihm um 1436/37 schließlich einen neuen Altar in St. Lorenz, auf dem die Geschichte dieses dritten Stadtheiligen und seiner Wundertaten eindrucksvoll geschildert wurde. Dieser Deocarusaltar ist übrigens der einzige seiner Art, der uns aus dem Mittelalter überkommen ist. Die Verehrung dieses Heiligen vermochte sich bis an die Schwelle der Reformation zu behaupten. Ähnliches gilt für die Verehrung der Hl. Katharina, die bis zum Ende des Mittelalters in den meisten Nürnberger Kirchen mit ansehnlichen Altären vertreten war.

Die zwanziger Jahre des 14. Jahrhunderts bedeuteten für Nürnberg eine Zeit lebhafter Bewegungen. Der aufblühende Fernhandel bestimmte die Darstellung von „Norimberga und Brabantia" im Alten Rathaussaal. Die Präsenz von Kaiser Ludwig verkörperte ein Relief an der gleichen Wand. Beide Reliefs wurden im Zweiten Weltkrieg schwer beschädigt. Im großbürgerlichen Bereich erschlossen Nürnberger Patrizier wie Reichsschultheiß Konrad Groß († 1354) und Herdegen Valzner als Montanherren und Eisenhüttenbesitzer in der benachbarten Oberpfalz neue Quellen des Reichtums durch ihre Erzbergwerke unter der Ägide von Amberg und Sulzbach. Sulzbach war unter Kaiser Karl IV. zeitweise Regierungshauptstadt des damals neugegründeten Herrschaftsbereichs „Neuböhmen". Nürnberg war übrigens der Großen Hammereinigung in der mittleren Oberpfalz als Mitglied beigetreten. Auf Flußstraßen und häufig schlechten Fahrwegen wurde das kostbare Erz in die „Waffenstadt" Nürnberg verbracht. Unterwegs erfolgte in den Hammerwerken von Hersbruck und Lauf an der Pegnitz die Vorbearbeitung des Eisens, während die Feinbearbeitung der Stadt Nürnberg vorbehalten blieb. Sie vermochte sich vom Import über die Verarbeitung bis zum Export als neue Metallmetropole gegenüber anderen Konkurrenten durchzusetzen. Zahlreiche vorindustrielle Initiativen wurden dadurch ausgelöst, vor allem auf dem Gebiet der sich immer mehr vervollkommnenden mechanischen Drahtzieherei. Dürers frühes Aquarell der „Drahtziehmühle", Musterbeispiel eines altfränkischen Ensembles, berichtet davon in diesem auch industriegeschichtlich überaus bedeutsamen Dokument. Die Vielfalt damals agierender Handwerkszweige schildert anschaulich das Mendelsche Zwölfbrüderbuch, das aufzeigt, welche neuen Tätigkeitsbereiche nicht zuletzt durch den Metallimport ausgelöst wurden.

Der Zunftaufstand von 1347/48 und seine politische Bedeutung

Im Lauf der 40er Jahre des 14. Jahrhunderts geriet Nürnberg in eine schwierige Situation. Die Position Ludwigs des Bayern verschlechterte sich zusehends. Die gespannte Lage entlud sich im Zunft- und Handwerkeraufstand von 1347/48. Man sollte sich hüten, den Vorgang einseitig unter sozialgeschichtlichen Aspekten zu sehen und seinen Ausgang nur als Unterdrückung der unteren

Schichten durch die patrizische Oligarchie zu interpretieren. Das vordergründige Geschehen stand vor dem Szenarium einer machtpolitischen Kraftprobe. Es ging letztlich um die Auseinandersetzung zwischen Anhängern der Wittelsbacher und der Luxemburger, wobei die ersteren vorwiegend von den aufständischen Handwerkern unterstützt wurden. Das Eingreifen Karls IV. von Böhmen erfolgte sicher aus eigennützigen Überlegungen, nicht zuletzt aus Sorge um die Erhaltung seines politischen Einflusses. Ihm mußte an einer Destabilisierung der Verhältnisse in Nürnberg wenig gelegen sein, zumal Verbindungen zwischen Prag und Nürnberg schon unter seinem Vater und landesherrlichen Vorgänger Johann von Luxemburg angebahnt worden waren. Nach der Niederschlagung des Aufstands wendete Karl sein ganzes Interesse der Reichs- und Kaiserstadt zu. Mit ihm begann auf dem Gebiet der Kirchen- und Stadtbaukunst unzweifelhaft Nürnbergs größte Blütezeit. Die bedeutende Bauepoche, die er auslöste, trug entscheidend zum Bild der aufstrebenden, eben sich zusammenschließenden Reichsstadt Nürnberg bei. Neuere Versuche, Karl IV. abzuwerten und für Nürnberg als wenig belangvoll darzustellen, sind tendenziös gefärbt und gehen unter Außerachtlassung wesentlicher Faktoren für Nürnberg an entscheidenden geschichtlichen Tatsachen vorbei.

Hauptmarkt mit Frauenkirche und Schönem Brunnen, Stich von Joh. A. Delsenbach, ca. 1720.

III. Frühneuzeitliche Tendenzen unter den Luxemburgern

Karls IV. Beziehung zu Nürnberg

Schon vor seiner Wahl zum deutschen König 1347 hatte Karl IV. mehrfach Interesse an Nürnberg gezeigt, das er in sicherer Einschätzung der Gesamtsituation als „des rîches baz gelegene Stat“ bezeichnete. Natürlich gab es schon vor ihm Berührungspunkte zwischen Franken und Böhmen seit Karl dem Großen, seit Heinrich II. (1002—24) und den Staufern. Aber zur künstlerischen Verdichtung führten sie erst unter Karl IV. (1347—78). Die wichtige Länderbrücke spielte dabei die Oberpfalz. Als künstlerische Kontaktzone fungierte sie bereits in romanischer Zeit. Dafür ein sprechendes Beispiel: Der typologische Zusammenhang, der von den Prager Rotunden am Wyschehrad und in der Altstadt über die oberpfälzischen Rundkarner (z. B. Ossuarien in Perschen, Roding) bis vor die Tore Nürnbergs zur Altenfurter Rundkapelle führte.

Das Interesse Karls IV. galt bereits vor der Gründung Neuböhmens der Stadt Lauf an der Pegnitz, wo er sich in der alten Burg ein königliches Absteigequartier einrichtete und zugleich die böhmische Landesgrenze dicht an Nürnberg bis in den heutigen Vorort Erlenstegen heranschob. Zeugnis dieser politischen Expansion ist der einzigartige bemalte Wappensaal des Laufer Schlosses. Er präsentiert zusammen mit dem bemalten Relief des Hl. Wenzel in heraldischer Singularität die Machtstruktur der böhmischen Herrschaft. Kein Zweifel — Carolus ante portas Norimbergae! Was dieser Konjunktion ihre überlokale Bedeutung verlieh: Böhmen und Franken konnten damals schon als Herzlandschaften des europäischen Kontinents gelten. Für Nürnbergs Aufwertung spricht noch eine weitere Tatsache: Der Beginn der äußeren Stadtbefestigung fiel fast mit Karls IV. Regierungsantritt zusammen. „Jeder Bürger sollte einen Tag im Jahr mit Knechten und Mägden im Graben schanzen.“ Von Anfang an war die Errichtung der Stadtmauer nicht nur als „reichischer“ Gesamtauftrag, sondern von der Reichsstadt her als bürgerliche Gemeinschaftsaufgabe konsequent betrieben worden.

Judenghetto und Markturkunde von 1349

Kurz nach Karls IV. Regierungsantritt kam es in Nürnberg zu einem spektakulären Ereignis: Der Beseitigung des Judenviertels in der sumpfigen Fröschau, um die Anlage eines neuen Marktplatzes in der Art der ostdeutschen „Altstadtringe“ (z. B. Prag, Breslau) durchzusetzen. Den vorherigen Zustand referiert Ulman Stromer in seinem „püchel von meinem Geslecht und Abenteuer“: „Anno domini 1349 die Juden hi waren gesessen zumittelst auf dem platz, gingen hewser auf und ab, und do unser frawen kapellew stet, ging auch ain gaß auf und ab und hinter unser frawen Kirchen.“; ein Bild vermag heute noch das Prager Ghetto mit der alten Synagoge zu vermitteln. Um dieses mit großer Rigorosität geplante Unternehmen rechtlich abzusichern, schickte die Stadt Nürnberg den Vertreter eines hochangesehenen Patriziergeschlechts zu Karl IV., um sich vorher Straffreiheit in der sogenannten Markturkunde von 1349 zusichern zu lassen. Die Initiative ging eindeutig von der Stadt Nürnberg aus. Es ist also unzutreffend, Karl IV. die Hauptschuld an dem Judenpogrom zuzumessen, zumal er in seinen böhmischen Landen jede Judenverfolgung unterließ. Im übrigen waren nicht rassistische Aversionen das Hauptmotiv der damaligen Judenverfolgungen, sondern die besondere Art der sozialen Struktur. Es gab handfestere Beweggründe, so zum Beispiel, daß den Christen, die Handwerke ausübten, Geldgeschäfte mit Zinsforderung verboten waren, nicht aber den Juden, die umgekehrt kein sogenanntes „ehrliches Handwerk" betreiben durften. Unter religiösen Vorwänden fiel man in vielen Städten über die Juden her, um sich oft drückender Schuldenlasten zu entledigen. Daß man immer wieder Juden für Pestepidemien verantwortlich machte, hing nicht zuletzt damit zusammen, daß ihnen häufig die besonders ungünstigen Sumpfgebiete (wie in Prag) vorbehalten blieben, also natürliche Keimstätten für ausbrechende Seuchen. Durch die unmenschliche Liquidierung des Ghettos wurde die Fläche für den neuen geräumigen Nürnberger Hauptmarkt geschaffen, an dessen Gestaltung allerdings Karl IV. entscheidenden Anteil nahm, schienen ihm doch hier zugleich die besten Voraussetzungen für einen „reichischen Versammlungsplatz" sowie einen Festplatz für Turniere gegeben zu sein. Ungefähr in der Mitte der Ostseite ließ er die Marienkirche oder Frauenkirche, auch „Mariensaal" genannt, errichten und mit Prager Augustinern besetzen. Die Kapelle diente dem Kaiser als Hofkirche, sozusagen als eine Art „fränkische Sainte-Chapelle". Damit war nach der Pegnitzüberbrükkung eine städtebaulich erhebliche Umstrukturierung Nürnbergs vorangetrieben worden.

Die Frauenkirche als „reichische Sonderleistung"

Nach Errichtung des Marktplatzes war die Kirche unter den Giebelhäusern gleichsam als „primus inter pares" hervorgetreten; der Glockenturm betonte die klerikal-imperiale Doppelfunktion des Gebäudes. Die reiche Schmuckfassade erfuhr eine ungewöhnliche Gestaltung, denn durch die Anlage einer Vorhalle mit darüber befindlicher Michaelskapelle entstand gewissermaßen ein doppelgeschossiger „steinerner Heiltumsstuhl". Dieses Szenarium wurde durch das Auftreten Karls IV. mit dem gesamten Schatz der Reichskleinodien anläßlich der Taufe seines Sohnes Wenzel (1361) motiviert. Ein solcher Staatsakt war schon 1356 in der „Goldenen Bulle" indirekt angesprochen worden: „Jeder neugewählte Kaiser soll seinen ersten Reichstag in Nürnberg halten." Zum 150jährigen Jubiläum um 1506 wurde das effektvolle Zentrum der Fassade, das sog. „Männleinlaufen", geschaffen. In diesem Spielwerk nimmt Karl IV. die Huldigung der Kurfürsten entgegen. Es ist naheliegend, einen Zusammenhang zwischen dem Heiltumsstuhl und dieser Zeremonie herzustellen. Die Anlage der Fassade deutet auf eine langfristige Bestimmung. Bei der Weisung der Reichskleinodien, kurz „Das Reich" genannt, kam es zu großen Volksversammlungen, die erhebliche Sicherungs- und Absperrmaßnahmen erforderten. Der Kaiser hatte die päpstliche Zustimmung erreicht für die Erhebung des zweiten Freitag nach Ostern zum Festtag des „Nagels" und der „Lanze Christi", beides Hauptbestandteile des „Reichsheiltums". Es wäre vorstellbar, daß die Funktion der Frauenkirche als Weisungsort der Reichskleinodien anläßlich der jeweiligen ersten Reichstage der Kaiser in Erscheinung treten sollte. Die Situation Karls IV. wird an der Marienkirche im thüringischen Mühlhausen erkennbar, wo sich der Kaiser als lebensgroße Steinplastik über die Brüstung eines Altans beugt, um die Huldigung des Volkes, wenn auch nur in effigie, entgegenzunehmen. Später scheint sich das Verhältnis zwischen dem Herrscher und der Reichsstadt Nürnberg abgekühlt zu haben. Jedenfalls wurde der Weisungsort der Reichskleinodien in Prag konstituiert, in dem gotischen Zentralbau der im 19. Jahrhundert abgebrochenen Fronleichnamskapelle auf dem Karlsplatz. Kaiserliche Funktion deutet auch die Michaelskapelle der Nürnberger Frauenkirche an, die von dem Altan des Heiltumsstuhls aus direkt betreten werden konnte. Schon das Patrozinium St. Michael verweist auf einen dem Kaiser vorbehaltenen Sonderort. Darüber hinaus wurde die Kaiserempore nach innen durch einen schwebenden Maßwerkbaldachin mit orthogonal gestalteter Rosette herausgehoben. Damit erfolgte die Fortsetzung der Kaiseremporentradition in

Nürnberg. Es bedarf sicherlich keiner Interpretation der Frauenkirche als gleichsam „verschlüsseltes Aachen“. Denn wenn Karl IV. Aachen zitieren wollte, so sagte er dies deutlich und direkt; man erinnere sich nur des Zentralbaus der Karlshofer Kirche in der Prager Neustadt. Nicht weniger kaiserlich als „reichisch“ erscheint der ungewöhnliche Innenraum der Frauenkirche. Er wird gern erste Hallenkirche Frankens genannt, obwohl es bereits, wie wir gesehen haben, frühere Vorformen gab. Eine Ableitung von böhmischen Hallenkirchen ist sicher entbehrlich. Der Typ der Kaiserkapelle auf dem Grundriß von 3 x 3 Jochen war

Hauptmarkt, Heiltumstuhl mit alljährlicher Weisung der Reichskleinodien. Bemalter Holzschnitt 1487.

längst in der Doppelkapelle mit Kaiserempore der Nürnberger Reichsveste vorgebildet. Eine besondere Bereicherung des Raumerlebnisses erfolgte bei der Frauenkirche in Nürnberg durch den Wechsel quer- und längsrechteckiger Joche. Dadurch entstand ein an- und abschwellender Rhythmus in Richtung Chor; man könnte fast von der Durchdringung von Langhaus- und Zentralbaugedanken sprechen. Im Chor selbst steht an der südlichen Seitenwand ein gepanzerter Ritter, der sicherlich nicht Karl IV. darstellt, sondern nach dem Beispiel der Sulzbacher Marienkirche als der heilige Wenzel gedeutet werden muß. Der Weg dieses „böhmischen Märtyrers und Expansionsheiligen“ läßt sich von der Prager Wenzelskapelle am Veitsdom über Sulzbach direkt nach Nürnberg verfolgen.

Der sicher ungewöhnliche Andachtsraum ist eigentlich nur aus dem Parlerkreis zu interpretieren. Der Vorläufer liegt beim Heiligkreuzmünster in Schwäbisch Gmünd, das von Heinrich Parler begonnen wurde. Von dort wurde die Idee der Rundpfeiler übernommen und zur Vereinheitlichung des Raumes der Nürnberger Frauenkirche durchgeführt. Daß bei diesem Hauptbau deutscher Sondergotik bereits Peter Parler beteiligt gewesen sein könnte, eventuell nach dem Entwurf Heinrich Parlers arbeitend und zwar in der Rolle eines Parliers, wäre nicht ungewöhnlich. Hier hätte Peter Parler gewissermaßen seine Gesellenzeit verbracht und könnte von Karl IV. durchaus anläßlich der Errichtung der Frauenkirche „entdeckt“ worden sein. Denn nur durch eine qualifizierte Vorleistung konnte sich Peter Parler für seinen Hauptauftrag, die Fortsetzung des Prager Veitsdoms, empfehlen. Und nur unter dieser Perspektive ist sein Avancieren vom Reichsstadtbaumeister zum „Reichsbaumeister“ auch „reichisch“ verständlich.

Die Baumeisterinschrift im Prager Veitsdom wird nach diesen Überlegungen nicht auf 1353, sondern auf 1356 bezogen werden müssen. Nach mittelalterlichem Bauhüttenprinzip wäre ein Einsatz um 1353 unmöglich gewesen, da Peter Parler um diese Zeit erst 23 Jahre alt war. Seine Tätigkeit als Dombaumeister in Prag wäre dann 1356 frühestens denkbar. Ein Einsatz um 1353 ist in Prag auch nicht erforderlich, selbst wenn sein Vorgänger Matthias von Arras aus Avignon 1352 verstorben war. Der diesem zugeschriebene doktrinärgotische Kapellenkranz war sicher noch nicht abgeschlossen, mußte also erst von der Bauhütte, bzw. vom Bautrupp des Matthias von Arras vollendet werden. So wird die Mitwirkung Peter Parlers an der Nürnberger Frauenkirche als Vorleistung für Prag noch wahrscheinlicher.

In der glasmalerischen Ausstattung damaliger Nürnberger Kirchen ist die Bevorzugung Karls IV. ungewöhnlich. Denn bisher war im Mittelfenster — und dies noch um 1330 in der Habsburger Grabkirche Königsfelden — die Darstellung des Passionsfensters mit der dominierenden Kreuzigung Christi beinahe kanonisch. In der Frauenkirche wird aber zum ersten Mal an die Stelle dieses Passionsfensters die Darstellung eines Kaisers, Karls IV., gewählt und dieser Brauch des „Kaiserfensters" über St. Lorenz bis zum Sebalduschor fortgesetzt. Das kaiserliche Fensterrecht bezog sich, wie das Beispiel von St. Lorenz nachweist, auf das untere Geschoß. Dagegen trat das reichsstädtische Fensterrecht im Obergeschoß in Funktion, eine Situation, die bei der Frauenkirche noch nicht gegeben war. Reste der alten Fensterverglasung der Frauenkirche befinden sich heute im Germanischen Nationalmuseum und im Chorschluß.

Nehmen wir die Frauenkirche als Gesamtkunstwerk, so kann sie nach Bestimmung und Gestaltung geradezu als Inbegriff „reichischer Kunst" verstanden werden. Karl IV. brachte dies in seinem Stiftungsbrief vom 8. Juli 1355 deutlich zum Ausdruck: „ . . . er habe die neue Kirche oder Kapelle errichtet, gegründet und geschaffen zu Lob und Ruhm seines Kaisertums . . . in seiner kaiserlichen Stadt Nürnberg." Karl IV. agierte hier als Bauherr.

Der Neubau des Sebalder Hallenchors

Karl IV. löste innerhalb Nürnberg einen an Quantität und Qualität ungewöhnlichen Bauboom aus. Ins Vollendungsjahr der Frauenkirche fällt der Beginn des Sebalduschors. Auffällig seine Gestaltung als riesiger Kleinodienschrein für einen noch nicht einmal von der Kirche kanonisierten Stadtheiligen. Die architektonischen Quellen sind vielschichtig und reichen vom Chor der Zisterzienserkirche im niederösterreichischen Zwettl und der Eßlinger Frauenkirche, besonders in den abgeschrägten, baumschlanken Chorpfeilern, bis zu dem auffälligen Chorumgang mit dem Wechsel dreieckiger und viereckiger Gewölbejoche. Diesen Typus hatte bereits die Pfalzkapelle Karls des Großen in Aachen aufgewiesen. Als zeitgenössische Parallele wäre auf den Chor der Oberen Pfarrkirche in Bamberg zu verweisen; in Böhmen wäre die Bartholomäuskirche in Kolin hervorzuheben. Besonderes Augenmerk verdient die Farbverglasung, deren ältere Bestandteile wahrscheinlich Elemente der zerstörten Farbverglasung des Prager Veitsdoms mit übergreifender Architekturrahmung übernahmen. Auch im reduzierten Zustand stellt die Glasmalerei in der Sebalduskirche das zweitgrößte Ensemble der reichsstädtischen Gotik neben dem des Erfurter Doms dar. Bei den Sebalder Chorfenstern tauchen übrigens erstmals namentlich genannte reichsstädtische Glasmaler auf.

Überragende Bedeutung gewinnt der Sebalduschor durch seine städtebauliche Akzentuierung; in gewissem Sinn strahlt seine straßenraumbeherrschende Erscheinung auf dem kaiserlichen Burgweg von der Fleischbrücke zur Burg eine vermittelnde Wirkung aus. Unwillkürlich denkt man an den „Kaiserweg" in Prag, der vom Pulverturm über den Altstädter Ring und die Karlsbrücke mit den Brückentoren aufwärts durch die Nerudagasse und die ganze Kleinseite zum Hradschin führte.

Noch eine Planung könnte in die Zeit Karls IV. zumindest im Ansatz zurückreichen, die Errichtung des Schönen Brunnen. In der turmartigen Monstranz repräsentiert sich das Weltbild der luxemburgischen Epoche, vertreten durch Propheten, Patriarchen, Apostel, Evangelisten, Helden, die sieben Freien Künste und sieben Kurfürsten. Der hierarchische Aufbau der Steinpyramide wird durch das turmartige Architekturwerk eindrucksvoll unterstützt, in seiner Art vergleichbar den Phantasiearchitekturen der zeitgleichen Glasmalerei. Als Einzel- und Freidenkmal bleibt die Georgsstatue auf dem Hradschin vor dem Südportal des Prager Veitsdomes vergleichbar. Die freiräumliche Bewegung wird zugleich in die städtebauliche Konzeption meisterhaft eingearbeitet. Denn die asymmetrische Aufstellung des Brunnens ermöglicht eine Kommunikation mit der kaiserlichen Burg, dient als Bindeglied zwischen Hauptmarkt und dem Kaiserweg. Zielpunkt bleibt dabei der 1377, also ein Jahr vor dem Tod Karls IV., errichtete „Luginsland".

Die imperiale Fassade von St. Lorenz

Nicht weniger erstaunlich ist die Tatsache, daß zeitlich zwischen den Projekten der Frauenkirche und des Sebalduschores auf der Lorenzer Seite eine mächtige Fassade zwischen den älteren Türmen der Stadtkirche St. Lorenz hochgezogen wurde. Die kathedralhafte Gestaltung mit Westportal, Rose und Schmuckgiebel läßt einen Augenblick die an sich unzutreffende Bezeichnung „Bürgerdom" aufkommen. Der Charakter dieser Fassade ist wieder durchaus als „reichisch" zu interpretieren. Dies gilt vor allem für die städtebauliche Grundkonzeption, die noch bis ins 19. Jahrhundert als „schöne, geräumige und breite Gasse, ‚Am Fischbach' genannt", zu verfolgen war, solange das östliche Ende der heutigen Karolinenstraße mit sich verengendem Straßenzug den „karolinischen" Mittelteil der Fassade aus Luxemburger Zeit als Zielpunkt hervorhob. Damals wurde auch deutlich — darin vergleichbar dem Kaiserweg in Speyer vom Altpörtel zum dortigen Kaiserdom — der anlaufende Straßenzug als „via sacra", ja als „via imperialis" verstanden. Die Fassade diente städtebaulich gewissermaßen als „point de vue". Durch die östliche Straßenverengung in Nürnberg wurde gerade die Mittelachse der Lorenzkirche überaus wirkungsvoll herausgehoben. Es wäre unverständlich, neben den schon genannten Kirchenbauten und dem Hauptmarkt auch noch diese architektonische Leistung als reichsstädtischen Beitrag der Stadt Nürnberg anzurechnen. Hier lagen andere Initiativen vor, wie bereits die Wappen Karls IV. mit dem böhmischen Löwen und seiner Gemahlin Anna von Schweidnitz (1353—1363) mit dem schlesischen Adler, paarweise angeordnet, neben dem Hauptportal bezeugen. Sie treten nämlich in dieser Spezifizierung an anderen Kirchen Nürnbergs nicht auf. Mithin wird der Lorenzkirche ein Sonderstatus zuerkannt, der sich nicht nur in dem für eine Reichsstadt ungewöhnlichen Aufwand verrät. Sicher ist die Erklärung zu dürftig, daß

Straße „Am Fischbach" (heute Karolinenstraße) mit Fassade von St. Lorenz. Von Gg. Christoph Wilder, Aquarell 1832.

die Wappen entsprechend dem damals regierenden Herrscherpaar angebracht worden wären. Man erinnere sich der kaiserlichen Stiftungen, die in Prag aus der Privatschatulle bezahlt wurden; sie reichen von den Przemislidengräbern über die Pläne zum Adalbertsgrab und von der Wenzelskapelle bis hin zum einzigartigen Mosaik des „Jüngsten Gerichts" über dem Südportal des Prager Veitsdoms. Eine solche kaiserliche Stiftung scheint auch in der Lorenzkirche vorzuliegen.

Nürnbergs letzte Kaiserempore

Als Endglied jener Kette von Kaiseremporen, die auf der Nürnberger Burgkapelle begann, manifestiert sich in der Lorenzkirche die festliche Ausgestaltung der Innenseite der Fassade. Hier wirkt vor allem die Fensterrose sowohl nach außen wie nach innen als „Gottesauge". Man wird die zugehörige Empore noch als Kaiserempore deuten dürfen. Karl IV., in Frankreich erzogen, kannte Chartres und die dortige nördliche Querhausrosette, die sogenannte „rose de France", eine Stiftung des französischen Königshauses. Hier erscheint der Heilige Ludwig als

König Salomon und zugleich als einer der sinnbildlichen Träger der filigranhaften Rosette. Der König wird selbst in das Kunstwerk eingereiht und die Rosette gleichsam als sein überhöhter Nimbus interpretiert. In der Lorenzkirche wird die Bestätigung als Kaiserempore zunächst einmal durch das dem König zustehende Michaelspatrozinium nahegelegt. Sehr wahrscheinlich war hier der ehemalige Standort des Erzengels Michael, eines mutmaßlichen Frühwerks des Veit Stoß vor seiner Berufung nach Krakau. Ursprünglich scheint er auf der Westempore gestanden zu haben und wurde erst später in das Langhaus transferiert. Im Hinblick auf die Rosette kann wohl von einer weiteren kaiserlichen Stiftung gesprochen werden, die im Dienst der „reichischen Staatsmystik" stand. Kein Zweifel, daß die Kaiseridee wie die Fassade der Lorenzkirche in der Rosette ihren absoluten Höhepunkt fanden.

Die Lorenzer Rosette — Spitzenwerk europäischer Bauhüttenkunst

Geistiges und formales Zentrum der „Kaiserfassade" von St. Lorenz bildet die Rosette. Sicherlich liegen die Vorgänger in Frankreich und man ist geneigt zunächst an Kathedralen wie Chartres und Reims zu denken. Völlig ungewöhnlich muß die Rosette für eine Stadtpfarrkirche wie St. Lorenz erscheinen. Es gibt keine Nürnberger Tradition für dieses „Gottesauge", das nach der Aussage eines mittelalterlichen Kirchenvaters das „Jenseits im Diesseits rätselhaft wiederstrahlen lasse". Daß die Rosette für die anlaufende „via imperialis" einen Bezugspunkt ersten Ranges darstellte, wurde bereits erwähnt. Völlig neuartig ist ihre doppelschichtige Gestaltung mit einem Maßwerkkranz, der sich mit dem Schmuckgiebel zu einem Spitzenwerk luxemburgischer Dekorationsfreudigkeit entwikkelte. Unwillkürlich denkt man an die auch in Böhmen mit großer Meisterschaft gehandhabte Goldschmiedekunst. Diese „Geräthaftigkeit" wird zunächst zum Sinnbild einer völligen Durchdringung von Hofkunst und bürgerlichpatrizischer Kunst. Am eindrucksvollsten präsentiert sich die großartige Komposition mit der Dynamik eines rotierenden Rades. Alle Rosettenachsen sind diagonal gestellt; es gibt keine orthogonalen Achsen mehr. Das Drehmoment der Rosette wird noch verstärkt durch die ein- und auswärts springenden Achsen, die mit entsprechenden Spitzbogen abschließen. Eine deutlich erkennbare leichte Aberration aus der Mittelachse im Scheitelpunkt der Drehbewegung läßt zugleich den Gedanken des Glücksrads bzw. Fortunarads anklingen, der auch im kirchlichen Bereich immer wieder an Kathedralen und bis hinunter nach Oberitalien an der Westfassade von St. Zeno in Verona auftaucht. Die komplizierte Aufschlüsselung einer meisterhaften geometrischen Planung, die wir Georg Stolz verdanken, zeigt den Rang dieses europäischen Spitzenwerks.

Vereinfachte Vorformen der Rosette finden sich in der Vorhalle und im Maßwerkschleier über der Kaiserempore der Frauenkirche. Interessante Variationen des Rosettenmotivs, das offenbar in Nürnberg lebhaft diskutiert wurde, bieten die Konsolen des Sebalder Hallenchores. Ungelöst bleibt die Frage, wie die Rosette in dieser entwickelten Form nach Nürnberg gelangen konnte. Internationale Zusammenhänge sind nicht zu leugnen. Vereinfachte Vorformen bietet Frankreich und zwar mit Diagonalachsen, aber auch mit einer starren Mittelachse. Solche Exempel liefern Kirchen in Sées, Meaux, Auxerre usw. Am nächsten kommt der Lorenzer Rosette die Rosenform am Südportal der Kathedrale von Rouen. Aber auch hier ist die Rosettenentwicklung noch nicht voll ausgereift, weil immer noch eine strenge Mittelachse „statisch" dominiert. Andersartig die deutschen Vorformen, die bei der Katharinenkirche in Oppenheim beginnen und sich an einem der ältesten deutschen Hochaltäre in der Liebfrauenkirche von Oberwesel wiederholen. Unverkennbar, wie sich die dynamisierte Form gegenüber der starren Typik der französischen Doktrinärgotik des 13./14. Jahrhunderts allmählich durchsetzt! Nicht alle Variationen können hier besprochen werden. Die französische Vorform war nicht nur in der parlerschen Goldschmiedekunst (Dreiturmreliquiar im Aachener Domschatz) nachweisbar, auch in der Prager Parlerhütte war sie bekannt, wie eine Eisenmonstranz im Prager Domschatz beweist. Hier handelt es sich ebenfalls um eine Vorform und nicht um die reife Entwicklungsform der Lorenzer Rosette. Es ist sehr wahrscheinlich, daß diese

Form im Bereich der Prager Parlerhütte entwickelt wurde, nachdem die Vorform von Frankreich dort längst bekannt war. Wir besitzen leider nicht mehr die ehemaligen Pläne Peter Parlers für das Langhaus des Prager Veitsdoms, können aber von der Voraussetzung ausgehen, daß sie bereits fertig vorlagen, wobei auch an eine Rosette an der Westfront zu denken wäre. Die heutige Prägung ist dagegen ein reines Phantasieprodukt des 19. Jahrhunderts. Absolut naheliegend, daß Karl IV. den nicht ausgeführten Prager Entwurf in Nürnberg, evtl. als Variation, verwirklicht wissen wollte. An der Farbverglasung der Lorenzer Rosette war nach einer Wappenfindung die Familie Volckamer beteiligt. So könnte man hier im Zusammenwirken von Architektur und Glasmalerei zugleich auch eine Verbindung von luxemburgischer Hofkunst und nürnbergischer Patrizierkunst erkennen. Die ursprüngliche Farbverglasung wurde im 19. Jahrhundert entfernt und durch eine neogotische ersetzt. Offenbar wurden damals aber Teile der Originalscheiben in das neu gegründete Germanische Nationalmuseum verbracht. Die Wiederauffindung nach dem Zweiten Weltkrieg ermöglichte eine Rekonstruktion statt der bereits vorgesehenen modernen Farbverglasung, da sich von allen ornamentalen Scheiben noch Belegstücke fanden. Die figurale Mitte der Rosette zeigt die älteste Darstellung von Musikengeln in Nürnberg. Überraschend der helle Farbakkord, den schon eine Darstellung Wilders im 19. Jahrhundert überliefert hat. Es mag noch der Erwähnung wert sein, daß sich vereinfachte Vorformen der Lorenzer Rosette und zwar in der Art der Rosetten der Vorhalle der Nürnberger Frauenkirche auch im Bereich von Siebenbürgen gelegentlich aufspüren lassen, etwa in der evangelischen Stadtkirche von Hermannstadt (heute Sibiu) und im römisch-katholischen Dom von Karlsburg (heute Alba Julia). Es gibt noch andere Varianten der Parlerzeit, die von der Prager Rosette offensichtlich unbeeinflußt sind, wie die vielen Rosettenformen des Chorgestühls im Bamberger Domwestchor zeigen. Hingewiesen sei auch auf die verschlüsselte Symbolik der Lorenzer Rose, deren Interpretation Mertens verdankt wird. Durch architektonische Umsetzung entstand aus dem Hochklappen wichtigster Architekturteile eine Heiliggrabkapelle. Sie könnte als Hinweis auf einen kapellenartigen Vorgängerbau von St. Lorenz verstanden werden; denn hier wird schon frühzeitig eine Kapelle „St. Laurentius zum Heiligen Grab“ erwähnt.

Die luxemburgische Epoche Nürnbergs und die Erscheinung des Stadtbildes

Keine Epoche hat Nürnbergs Stadtbild so mit städtebaulich wirksamen Akzenten bereichert und monumentalisiert wie die Zeit der Luxemburger. Hier beginnt Nürnbergs große Metamorphose zum „Florenz des Nordens“. Beide Stadtteile werden durch die Erweiterung der alten Stadtkirchen neu geordnet. Das gilt ebenso für die Sebalder Seite mit der platzbeherrschenden Fassade der Frauenkirche, für die Vollendung des Hauptmarktes und die Anbindung des Platzraums an den Weg zur Kaiserburg, vermittelt durch den Schönen Brunnen, überhöht vom Sebalduschor. Die Relation Stadt — Burg wurde besonders deutlich beim Bezug des Sebalduschors zum Luginsland. Auf der Lorenzer Seite hatte der „Kaiserweg“ als „via imperialis“ seine Richtung zunächst auf die Lorenzer Fassade genommen. Doch dann setzte er sich am sogenannten Nassauerhaus im rechten Winkel zum Markt und zur Burg fort. Selten kann man eine so dichte Abfolge bedeutender Bauwerke und reichischer Prägnanz erleben wie in Nürnberg, selten wurde die „Staatsmystik“ so ausgeprägt im Städtebau verwirklicht! Das Gesamtkunstwerk umschloß die unter Karl IV. betriebene äußere Stadtbefestigung.

Die aufgezeigten Dominanten standen alle im Zeichen der „reichischen“ Verbindung zwischen Kaiser und Reichsstadt. Sehr bald hatte Karl IV. Regierungsvorgänge mit seiner besonderen Staatsmystik verbrämt. Eine solche Sakrifizierung der Kaiserherrlichkeit war frühzeitig im Programm der Burg Karlstein, beginnend in der Marienkapelle mit dem Empfang kostbarer Reliquien als Geschenk an Karl IV. (der Kaiser in priesterlicher Aktion mit Kreuzreliquiar) verwirklicht; fortgesetzt wurde sie in der als kaiserlicher Meditationsraum verstandenen Katharinenkapelle mit Karl IV. und Anna von Schweidnitz und vollendet in der Heiligkreuzkapelle mit reliquiengefüllten

Bilderwänden. Hier war der anfängliche Aufbewahrungsort der Reichskleinodien! Schon Zeitgenossen hatten die Einzigartigkeit dieser „Gralsburg" gepriesen. Sicherlich hatte auch einmal die Allerheiligenkapelle auf dem Hradschin neben dem Veitsdom mit ihrer ursprünglichen Farbverglasung, entsprechend der Ausstattung der Wenzelskapelle am Dom, diese kaiserliche Zelebration in anderer Weise verwirklicht.

Man kann den Beginn der Frühneuzeit bereits unter Karl IV. ansetzen. Am deutlichsten wird dies in den Büsten des Prager Domtriforiums mit der Gleichsetzung von Angehörigen der Kaiserfamilie, Prager Erzbischöfen und Baumeistern, allen voran Matthias von Arras und Peter Parler. Der erkennbare soziale Umbruch, moderne Tendenzen auf dem Boden noch spürbarer mittelalterlich-mystischer Tradition und gleichzeitig eine neue Interpretation des „reichischen" Begriffs, lassen hier eine geschichtliche Zäsur mit aller Deutlichkeit erkennen. Unberührt von diesen Wandlungen blieb der klösterlich konzipierte Komplex der Deutschordensniederlassung, der bis 1632 mit der benachbarten Jakobskirche über eine Holzbrücke in Verbindung stand, sonst aber einen Fremdkörper innerhalb der Reichsstadt darstellte.

Karl IV. und die Burggrafen von Nürnberg

Die Bemühungen Karls IV. um Nürnberg als „zweites Prag" und „Kaiserresidenz" wurden zweifellos erschwert durch die Präsenz der Burggrafen von Nürnberg. Sie sahen den sichtbaren Aufschwung der Reichsstadt zu ihren Füßen sicher mit gemischten Gefühlen. Karl IV. versuchte mehrfach Kontakte mit den Burggrafen herzustellen. Eine dynastische Verbindung durch Einheirat kam nicht zustande, da die Burggrafen selbst um Vermehrung und Ausweitung ihres Territoriums bemüht waren. Karl IV. verbesserte das gegenseitige Verhältnis durch Erhebung der Burggrafen von Nürnberg um 1363 zu Reichsfürsten. Damit wuchs die Bedrohung Nürnbergs und zwang die Reichsstadt zu deutlichen Abwehrmaßnahmen. Aus dieser Situation heraus errichtete man 1377, in einem ausgesprochenen Pestjahr, den Luginsland, ein Jahr vor dem Tod Karls IV.! Der Turmbau neben der Burggrafenburg kam einer „baulichen Kriegserklärung" der Reichsstadt gleich. Er bildete den Machthebel der Kaiserstadt gegen den Burggrafen und leitete schließlich die Verdrängung des Burggrafen aus Nürnberg über Cadolzburg in die endgültige Markgrafenresidenz Ansbach ein. Daraus erwuchs eine jahrhundertelange Fehde bzw. entsprechende ständige Verbesserung der Nürnberger Stadtbefestigung. Die Einäscherung der Burggrafenburg um 1407 und die fast gleichzeitige vergebliche Belagerung (Reichsacht) der Stadt Rothenburg unter Heinrich Topler durch den Burggrafen führte schließlich zum Bankrott der ehemaligen Nürnberger Dynasten und zu ihrer Entschädigung bzw. Einsetzung als Markgrafen von Brandenburg.

„Böhmische Infiltration" um 1400

Das gute Einvernehmen zwischen Nürnberg und Prag war nach Karls IV. Tod unter Wenzel nicht mehr fortgesetzt worden. Dennoch gab es um die Wende zum 15. Jahrhundert eine Wiederaufnahme der künstlerischen Beziehungen, wenngleich unter negativen Vorzeichen. Die Hussitenkriege und das damit hervorgerufene Ausbleiben von Aufträgen führte zu einem wahren Exodus böhmischer Künstler nach Nürnberg und in den fränkischen Raum. Ihr Einfluß war vor allem in der Malerei um 1400 zu spüren. Man vergleiche nur die anonym gebliebenen „Meister des Marienaltars" und „Meister des Imhoffaltars" in Nürnberg. Ihre Handschrift mit mystischer Interpretation und intensiver Farbglut wäre ohne den Anstoß durch die seit Karl IV. in Europa führende böhmische Malerei (Hohenfurth, Wittingau) kaum denkbar. Der internationale „Weiche Stil" dürfte in Nürnberg in erster Linie durch diese böhmische Infiltration ausgelöst worden sein. Schon vorher war böhmischer Einfluß in den Fresken der sogenannten Kaiserpfalz in Forchheim zu Zeiten des Bischofs Lambert von Brunn eingetreten. Es war die luxemburgische Zeit, die die Farbe als bestimmendes Raumelement auf der Burg Karlstein wie im Wappensaal von Lauf a. d. Pegnitz besonders hervorhob.

Paul Ritter, Die Einbringung der Reichskleinodien 1424. Gemälde von 1882.

Überweisung der Reichskleinodien nach Nürnberg

Als greller Mißton nach der luxemburgischen Kunst Karls IV. erfolgte unter seinem jüngsten Sohn Sigismund, der von 1410—1437 als deutscher Herrscher regierte, die Beschießung Karlsteins durch die Hussiten mit Jauchefässern. Sigismund empfand diesen Vorgang als ausgesprochene Schmähung der Reichskleinodien. Infolge dieses Sakrilegs ordnete er ihre Überführung nach Nürnberg „für ewige Zeiten“ an, wo sie nach diesem Rechtstitel, auch heute noch hingehören. Dieser Anspruch war jedoch bereits von dem wenig nürnbergfreundlichen Habsburger Friedrich III. (1440—1493) in Frage gestellt worden. Die zeitweise Flucht und Bergung nach Wien vor Napoleon I. war spätestens nach dem Ende der habsburgischen Kaiser als unberechtigt empfunden worden. Daran änderte auch der überzogene „reichische“ Kult des Dritten Reiches nichts, der die Rückführung der Reichskleinodien politisch mißbrauchte und damit die Rückführung nach Nürnberg ins europäische Zwielicht brachte. Für die spätmittelalterliche Zeit bedeutete die Überweisung der Reichskleinodien eine erneute, fast sakrale Aufwertung Nürnbergs und zwar immer noch im Zeichen luxemburgischer Fördertradition. Noch im 19. Jahrhundert verherrlicht die Historienmalerei diesen Vorgang, der mit Recht als ein Kulminationspunkt in Nürnbergs „reichischer“ Entwicklung empfunden wurde.

Der Lorenzer Hallenchor als „reichische“ Machtgebärde

Es gehört zu Nürnbergs Reichsstadtgeschichte, daß kaiserliche Auszeichnungen regelmäßig durch bauliche Machtgebärden der Stadt beantwortet wurden. So hatte schon der Freiheitsbrief Friedrichs II. von 1219 den Neubau der Sebalder Pfarrkirche angeregt. Ludwigs des Bayern Gunstbeweise, vor allem die Überführung der Deocarusreliquien, fanden ihr „reichisches“ Pendant in der Pegnitzüberbrückung. Die Epoche Karls IV. war u. a. mit der Schaffung des Hauptmarkts und mit Erweiterungsbauten bei St. Sebald und St. Lorenz beantwortet worden. Auch die Überführung der Reichskleinodien durch Sigismund zeitigte eine solche Konsequenz und zwar die Planung eines neuen Hallenchors der Lorenzkirche. Er bedeutete eine erneute architektonische Aufwertung der Stadt. Daß dieser Kirchenbau allein aus Mitteln der Bürgerschaft und nicht des Stadtregiments errichtet wurde, verdient besondere Hervorhebung. Für die finanzielle Unterstützung des Lorenzer Hallenchors sorgte der 1438 aus Regensburg berufene Domprobst Dr. Konrad Konhofer. Nach Anlaß und Zielsetzung war dies ein erneuter „reichischer“ Beitrag Nürnbergs und sicherlich einer der bedeutendsten. Reichsstädtischer Stolz spricht aus der lapidaren Monumentalinschrift im südlichen Chorseitenschiff: „1439 an Simon Judas Tag (= 28. Oktober) ward der Kor angefangen — dar nach 1477 an dem heiligen Osterabend (= 5. April) ward er vollendet.“

Indirekt kam dabei die Rivalität zum älteren Sebalder Hallenchor zum Tragen. Beide Hallenchöre erscheinen gegenüber den früheren Langhäusern überhöht. Ihr hökkerartiger Umriß bedingt den Gleichklang im Gesamtbild der beiden Stadtteile. Erst seit dieser Zeit kann Nürnberg auch optisch als „Gesamtkunstwerk" durch den geschwisterlich verwandten Zusammenklang beider Stadthälften angesehen werden. Die Stadtkirchen waren zugleich das Regulativ für die Ordnung und Gruppierung bürgerlicher Steildächer, wobei die Bedachung des „Nassauer Hauses" in besonders geschickter Weise als Auftakt zum Dachgebirge der Lorenzkirche gestaltet wurde. Der Aufbau des Lorenzer Hallenchors erfolgte zweigeschossig und wirkt gegenüber dem steilwüchsigen Sebalder Hallenchor horizontaler. Für diesen Wandaufbau kann indirekt noch der Chor des Heiligkreuzmünsters in Schwäbisch Gmünd zitiert werden. Auch die innere Zweiteilung durch eine umlaufende Maßwerkgalerie hatte in dem ebenfalls um den Chor zirkulierenden Profilgesims zwischen den beiden Geschossen in Schwäbisch Gmünd eine Vorform gefunden.

In Nürnberg war der proportionale Ausgleich in fast klassischer Harmonie gelungen. Die Lorenzer Galerie kann als Vorform unzähliger, bis ins 17. Jahrhundert hineinwirkender gotisierender Hofgalerien, z. B. des Historischen Hofs, des Welserhauses in der Theresienstraße, des Pellerhauses, gesehen werden. Typisch in Nürnberg diese Annäherung von Sakral- und Profanbaukunst im 15. Jahrhundert. Als Gesamtwerk zählt der Hallenchor der Lorenzkirche vielleicht zu den schönsten Kirchen der deutschen Sondergotik, nicht nur in seiner Lichtfülle und Proportionsschönheit, sondern auch in der weitgehenden Erhaltung des glasmalerischen Schmuckes als Raumbestandteil. Im Äußeren wird die Annäherung an den Profanbau, besonders an die gewaltigen Dächer spätgotischer Nürnberger Kornhäuser, durch die Dachgebirge der Hallenchöre beider Stadtpfarrkirchen unterstrichen.

Die Lorenzkirche und ihre reichsstädtischen Baumeister

Ein weiteres „reichisches" Phänomen läßt sich an den Namen der reichsstädtischen Baumeister der Lorenzkirche ablesen. In der ersten Konkurrenz wurde Hans Felber genannt. Er hatte in der Messe- und Reichsstadt Nördlingen das Gürtlerhaus, Deutschlands ältestes Messehaus, erstellt, das 1955 durch Leichtsinn brandzerstört wurde. Hans Felber ist auch in Ulm nachweisbar, womit auf das Symptom hingewiesen wird, daß längs der sogenannten „Reichsmessestraße" besonders bedeutende Bauhütten auftraten. Im Wettbewerb um St. Lorenz tauchte auch der Name Nikolaus Eseler auf, der vor allem als Architekt an Nördlinger und Dinkelsbühler Stadtkirchen tätig war. Für die Lorenzkirche wurde schließlich Konrad Heinzelmann aus Detwang bei Rothenburg ausgewählt. Er hatte eine gründliche Schulung in den Bauhütten von Ulm, Nördlingen und in der Rothenburger Jakobskirche erfahren. Nach seinem Tode (1456) wurde Konrad Roritzer aus Regensburg berufen, das ja auch als Reichsstadt gelten konnte. Dann machten sich auch Nürnberger Kräfte bemerkbar, so vor allem Jakob Grimm mit seinem meisterhaften stabilen Netzgewölbe im Chor. Er gehört ebenso zum Nürnberger Kunstkreis wie der aus Sulzbachzugewanderte ältere Hans Beheim, der für die Sakristei mit Treppenturm im Südschiff der Lorenzkirche verantwortlich zeichnet. Ein anderer reichsstädtischer Einfluß kommt direkt aus Nördlingen und zwar mit dem Meister des dortigen Turmbaus, Hans Kugler. Er war u. a. an der Johanniskirche in Schwabach und an der Gumbertuskirche in Ansbach tätig. Ihm verdanken wir den städtebaulich überaus wirksamen Turmabschluß der Sebalduskirche, der heute noch zusammen mit der Lorenzkirche das Nürnberger Stadtbild bestimmt. Seine reifste Leistung in Nürnberg ist leider verlorengegangen, nämlich der schöne Hallenraum der Augustinerkirche; der fiel der Säkularisation um 1816, die die Kirche barbarisch zerstörte, zum Opfer.

Das soziale Element

Die Nürnberger Patrizier, oft Montanherren und Fernhändler zugleich, beschränkten sich nicht allein auf ein Mäzenatentum in Form von frommen Kirchenstiftungen; eine weitere Möglichkeit, gute Werke zu vollbringen, lag auf sozialem Gebiet. So wendeten sie sich seit dem 14. Jahrhundert zunehmend dem Spital- und Krankenpflegewesen zu. An den Hauptstraßen außerhalb der Stadt wurden Siechköbel als „Quarantänestationen" errichtet. Vor allem Schwerkranke, besonders Aussätzige und Pestkranke, wurden dadurch gehindert, in die Stadt einzudringen. Noch heute finden wir diese ehemaligen Siechköbel in den Stadtteilen St. Johannis, St. Leonhard, St. Peter und St. Jobst. Dazu traten jene Brüderhäuser der Mendel und Landauer, die sich um die Aufnahme nicht mehr arbeitsfähiger ehrbarer verarmeter Handwerker kümmerten. Aufnahmebedingung war, wie später in der Augsburger Fuggerei, der Ruf unbestrittener Ehrbarkeit: „sie sollten sein nach der Zahl der Apostel, 12 Personen mannlichs geschlecht, die mit altter beswert und nit zu jung seind ... durften kain mussig genger, als offen bettler, noch störtzer (Landstreicher), noch spilleut gewesen sein, sondern getreue hartte arbeiter, die sich mit Irer harten arbeit genärt haben und arm und kranck sein." Alle überglänzte das große städtische Spital Heilig-Geist, neben dem als kleinere Station noch das Spital St. Sebastian bestand.

Andere Funktionen erfüllten die Pilgerhospize der Waldstromer bei St. Martha und der Haller bei Heilig Kreuz. Bis zur Kriegszerstörung war die Gesamtanlage von Heilig Kreuz einschließlich Pflegehaus intakt und stellte in ihrer Geschlossenheit das außerordentlich seltene Exempel einer Sonderspitalanlage dar. Gestiftet hatte sie um 1354 Bertold Haller, eine der bedeutendsten patrizischen Persönlichkeiten zur Zeit Karls IV. Sein Reichtum ermöglichte ihm die Durchführung umfangreicher finanzieller Transaktionen, an denen sicher auch Karl IV. partizipierte. In dieser Funktion könnte man Bertold Haller einen „Fugger des 14. Jahrhunderts" nennen. Sein Totenschild war der Auftakt für spendenfreudige Nachkommen, welche vor allem die Kirche Heilig Kreuz überaus großzügig beschenkten. Von der einstmals ummauerten Hospizanlage hat sich nach der Kriegszerstörung nur noch die Kirchenruine in einem Hinterhof der Johannis-Mühl-Gasse erhalten.

Ganz ungewöhnlich und ein Ruhmesblatt für die Stadt Nürnberg war die Einrichtung eines Sondersiechenhauses, des heutigen „Weinstadels". Der imposante Fachwerkbau diente alljährlich in der Karwoche der Verköstigung und Pflege von Schwerstkranken, darunter Leprosen; nach einigen Tagen der Pflege wurden sie wieder fortgeschickt.

Unter „normalen" sozialen Gesichtspunkten ist die Berufung der Augsburger Barchentweber nach Nürnberg (1488) erfolgt. Die ihnen zugewiesenen „Sieben Zeilen", errichtet im Grabengrund der aufgelassenen inneren Stadtbefestigung, sind eine Frühform des sozialen Wohnungsbaus und als solche ein spätmittelalterlicher Vorläufer der späteren berühmten Fuggerei in Augsburg. Im Krieg schwer angeschlagen, wurden originale Reste entfernt und die ursprünglichen Wohneinheiten höchst unzureichend durch die heutigen nivellierenden Gebäude ersetzt, sicher ein sehr schwerwiegender sozialgeschichtlicher Verlust!

Das Nürnberger Bürgerhaus

Das Nürnberger Bürgerhaus kann als reichsstädtische Eigenleistung angesprochen werden. Es war strengen Gesetzmäßigkeiten unterworfen, ohne deshalb im Schematismus zu erstarren. Das konnte man vor dem Zweiten Weltkrieg in manchen Straßenzügen der Sebalder Seite, wie in der Tucherstraße oder der Wunderburggasse, noch gut erkennen. Heute geben nur noch Albrecht-Dürer-Straße und Weißgerbergasse eine annähernde Vorstellung des einstigen geschlossenen und dennoch vielgliedrigen Straßenbilds. Sie zeigen verhältnismäßig wenige Krümmungen, dafür eine ansehnliche Breite. Die nüchterne praktische Psyche des Nürnbergers diktierte den Straßenverlauf. Dem entsprach, auch beim Hauptmarkt des 14. Jahrhunderts, die frühzeitige Anwendung von Steinpflaster. Unter anderem hatten Pilger, die nach Santiago de Compostela in Nordspanien wallfahrten, nach ihrer Rückkehr von dieser Einrichtung in südfranzösischen Städten (z. B. in Toulouse) mit Begeisterung berichtet.

Nürnberg hatte seinen Wohnbau frühzeitig geordnet. In einer feuerpolizeilichen Satzung werde auf Bedachung mit Ziegel hingewiesen. Die Mindestlänge des Nürnberger Wohnhauses war, wie vieles andere, im Baumeisterbuch des 1461—1467 amtierenden Stadtbaumeisters Endres Tucher festgelegt. Er wollte auch die bis dahin übliche Staffelung der Häuser allmählich „nach der Schnur geordnet" wissen, also mit einer gemeinsamen Baufluchtlinie. Der besondere Reiz der Straßen lag im zurückhaltenden Vor- und Zurückschwingen der Häuserfronten, begünstigt durch den vorherrschenden Traufenbau. Dies schließt nicht ein Vortreten der Häuser an Straßengabelungen aus. Die schönsten Beispiele, eindrucksvolle Giebelhäuser, hat der Krieg vernichtet: u. a. das Grolandhaus von 1489, ein Fachwerkbau zwischen Tetzel- und Schildgasse, das Topplerhaus zwischen den Söldnersgassen und das mit einem stolzen Backsteingiebel prunkende Gebäude zwischen Tucherstraße und Ebnersgasse. Zur Aufgliederung traten neben die für Nürnberg charakteristischen Chörlein und leicht aus der Mittelachse gerückten Dacherker Hausmadonnen und Hausheilige auf Konsolen. Vorkragende Geschosse, die in anderen Städten besonders markant wirken, waren in Nürnberg seit dem 15. Jahrhundert untersagt. Zum Bürgerhaus gehörte der geräumige, meist sehr stattlicher Hof, den die Wohnräume umgaben. Im Welserhaus kam es zu einer besonders reizvollen Verschneidung zwischen Maßwerkgalerie und dem Wendeltreppenturm. Aller Reichtum wurde in den festlichen, oft mit Deckengemälden und reizvollen Stukkaturen ausgestatteten Innenräumen als Höhepunkt bürgerlicher Wohnkultur entfaltet. Heute sind die noch geretteten Innenräume in dem als städtisches Museum eingerichteten Fembohaus konzentriert. Als Bildzeugnis für den spätmittelalterlichen Hauscharakter existiert der heute in der Straubinger Jakobskirche aufgestellte Altar aus der Nürnberger Augustinerkirche. Seine Hintergrundmalerei einer „Darstellung im Tempel" zeigt Nürnberger Bürgerhäuser unterhalb der Burg im Bereich der Söldnersgasse. Streng und monumental, oft auch in Verbindung von heimischem Sandsteinsockel und Fachwerkobergeschoß, wirken sie herb nach außen, schmuckreich im Innenhof mit den anliegenden Wohnteilen. Die strenge Fassade wird jedoch zielsicher aufgelockert durch Chörlein und Dacherker. Die Geschichte des Chörleins beginnt bei Hauskapellen, vor allem beim Rathaussaal und beim Sebalder Pfarrhof und endigt bei den bürgerlich-biedermeierlichen Spätformen im 18. Jahrhundert. Als Ausgangspunkt mögen die reichen Chörlein in Prag am Karolinum (Universität) und am Altstädter Rathaus gedient haben. Die heute noch erkennbare Ordnung des Nürnberger Straßenbilds war durch strenge Bauordnungen reglementiert worden. Schon aus dem 15. Jahrhundert läßt sich diese Erkenntnis aus dem Baumeisterbuch des Endres Tucher gewinnen. Die Nürnberger Bauordnung erklärt auch den Konflikt, der sich 1602—1607 bei der Errichtung des Nürnberger Pellerhauses ergab, als die Fluchtlinie der Nachbarhäuser nicht mehr gebührend respektiert wurde. Die kompakte, dennoch nicht undifferenzierte Wirkung bewegter Straßenzüge hängt weitgehend von den Platz- und Straßenwänden ab. Die Kupferstiche eines Johann Adam Delsenbach (1687—1765) schildern das charakteristische Nürnberger Bürgerhaus ebenso wie die unersetzlichen Fotos von Ferdinand Schmidt aus der zweiten Hälfte des 19. Jahrhunderts. Schon das Mittelalter hatte die verborgene Monumentalität des Nürnberger Bürgerhauses ins Licht gerückt, wie eine Abbildung des Kressischen Vorschickungshauses am Obstmarkt noch erkennen läßt. Hier sind bereits Elemente für die imposanten Kommunalbauten eines Hans Beheim (siehe S. 36) zur Debatte gestellt worden.

Die Äußere Stadtbefestigung

Die 1346 begonnene, 1452 vollendete Äußere Stadtbefestigung war wohl das größte „reichische" Bauunternehmen Nürnbergs. Über die Befestigungspflicht hinaus, die aus dem Stadtrecht resultierte, war man sich der reichsstädtischen Ambitionen vor allem bei den Torbauten bewußt. In dem Aufwand und in der Sicherung der Torburgen mit Waffenhöfen hatte das Jahrhundertwerk der Stadtbefestigung seinen Anspruch unterstrichen. Es blieb als Gesamtkunstwerk streng rational und ohne jene reizvoll individuellen Abweichungen westfränkischer Reichsstadtbefestigungen, wie wir sie heute noch in Dinkelsbühl und Rothenburg nacherleben können. Diese nürnbergische Nüchternheit werde schon allein in der Bezeichnung der Türme deutlich. Während sich in Nördlingen und Dinkelsbühl die verschiedenartigsten städtischen Funktionen in der Benennung der Türme beschrieben finden (z. B. Pulver-, Henkers-, Strafturm), beschränkt man sich in Nürnberg auf farbige Alphabete. Es gibt also Türme wie „blau B", „grün D", „rot Q" usw. Als typisch nürnbergisch kann die Innenseite der Stadtmauer angesprochen werden. Die Technik der Mauerbögen, die den Wehrgang tragen, läßt sich bis auf die Rationalität römischer Ingenieurkunst zurückführen. Diese Form wird gleichsam wiedergefunden und angewendet, nicht allein um damit Mauermaterial zu sparen, sondern auch die Verspannung der Stadtmauer gegen Schaffung von Breschen zu ermöglichen.

Innerhalb der Turmformen dominiert der würfelförmige Rechteckturm. Schmuckformen (z. B. Scharwachtürmchen, Pechnasen, Pfefferbüchsen) erscheinen nur selten — auch dies im Unterschied etwa zu Rothenburg oder Dinkelsbühl. Die Nüchternheit der Turmformen wie ihrer Namensbezeichnungen entsprechen ganz der Nürnberger Wesensart: nüchtern, rational, meßbar. Die Stadtbefestigung war aber nicht nur Schutzwall, sondern integrierter Bestandteil des Gesamtkunstwerks Nürnberg. Dies vermochte gerade Dürers Aquarell „Nürnberg von Westen" überaus anschaulich zu verdeutlichen. Der geplante Abbruch von Stadtmauerteilen im späten 19. Jahrhundert, nicht zuletzt auch auf Initiative des fortschrittbesessenen Lothar von Faber, der an dieser Stelle eine Ringstraße im Stil von Wien plante, hätte das mittelalterliche und dürerzeitliche Stadtbild der Altstadt irreparabel zerstört. In diesem Zusammenhang muß der von den Wittelsbachern Ludwig I. und Ludwig II. ausgesprochene Schutz der Stadtbefestigung rühmend hervorgehoben werden. Die Aufhebung des Charakters als Landesfestung ab 1866 war eine Herausforderung, die Stadtmauer zu durchbrechen um damit eine engere Bindung zwischen Altstadt und Vorstädten herbeizuführen. Dies hatte bis dahin nicht nur die gute Erhaltung der Stadtmauer, sondern auch das tiefgestaffelte Abwehrsystem mit Zwinger, Graben und Vormauer verhindert. Erst dem 19. und vor allem dem 20. Jahrhundert blieben empfindliche Reduzierungen des Mauerrings, vor allem im Vormauerbereich, vorbehalten. Die Nürnberger Stadtbefestigung kann als einer der größten ihrer Art angesprochen werden, entwicklungsgeschichtlich besonders interessant durch die fortlaufenden Verbesserungen. Für die Erscheinung der Stadtmauer war wie für alle städtischen Repräsentativbauten Monumentalität bestimmend. Bemerkenswerte Bauwerke ergaben sich in Verbindung mit dem Pegnitzlauf: Noch heute zählen der doppelbogige Henkersteg mit ehemaliger Fallgattereinrichtung (Laufschienen) wie der Pegnitzeinfluß am Kasemattentor und der Pegnitzausfluß am Hallertürlein zu den reizvollsten Partien der Stadtmauer.

Nürnbergs „Starke Generation" um 1440

Nürnbergs Formgefühl war voll plastischer Kraft. Es entsprach dem Bekenntnis Dürers, der von sich sagte, daß er „innerlich voller Figur sei". Dies galt nicht nur in der kirchlichen Architektur (Dachgebirge der Stadtpfarrkirchen Sebald und Lorenz), es galt ebenso für die Kommunalbauten, die Kornhäuser, die Spitäler, sowie spitalähnliche Einrichtungen wie den Weinstadel. In diese Dimension gehören auch die kubischen Stadtmauertürme. Dieses Gesetz galt nicht nur auf dem Gebiet der Baukunst, sondern auch für die Bildhauer. Um 1430 wird das böhmische Erbe des „weichen Stils" durch eine nürnbergisch fundierte „Starke Generation" — als Präludium für die Dürerzeit — abgelöst. Unbekannte Künstler, die der hochstilisierte Albrecht Dürer noch als „gewaltiglich, doch unbedächtiglich" bezeichnet hatte, bereiten durch diesen Nürnberger „Verismus" die Neuzeit vor. Mit welcher Leidensgewalt vermag sich der Rietersche Schmerzensmann aus St. Sebald ins Bild zu setzen, oder der Schlüsselfelder Christophorus sein mühsames Tragen des Christuskindes zu verdeutlichen! Eine ganz andere Form reichsstädtischer Selbstdarstellung vermittelt die Strahlenmadonna aus St. Sebald, die ein bürgerliches Schönheitsideal verkörpert. Wiederum anderer Art ist die Lebensnähe der sogen. Orgelmännchen der Orgel von St. Sebald, letzter Überrest von einstmals Deutschlands ältestem gotischen Orgelbau des Heinrich von Traxdorf um 1442. Auch die Lorenzkirche bietet Beispiele des neuen Stils. Bei dem Astkreuz als Lebensbaum gegenüber der Kanzel, dem sogenannten lignum vitae, könnte man an einen Ausspruch des italienischen Kunstschriftstellers Vasari denken, der einmal von Donatello sagte, sein Kruzifixus sehe aus „als habe man einen Bauern ans Kreuz geschlagen!" Und wer ist nicht beeindruckt von der unmittelbaren Lebensnähe des Christusaktes auf dem sogenannten Ehenheim-Epitaph von St. Lorenz, das, wie der Tucheraltar der Frauenkirche, von einem unbekannten Meister stammt, der aus dem burgundisch-niederländischen Kunstkreis zugewandert war? Ganz nürnbergisch dagegen jene herbe „Grablegung Christi" in der Wolfgangskapelle von St. Egidien, die durch ihre unmittelbare Leidensnähe schockiert. Dieser revolutionären Bewegung war nur eine kurze Dauer beschieden; dann setzte sich wieder eine mehr handwerklich orientierte Periode der „Regotisierung" durch. Aber der erste bürgerliche Realismus um 1440 hatte Maßstäbe für eine künftige künstlerische Entwicklung gesetzt, die nicht mehr auszulöschen waren. Hier beginnt die „Vordürerzeit", die in den emsigen Werkstattbetrieben der Pleydenwurff und des vielbeschäftigten Michael Wolgemut kulminierte. Als Meisterwerk dieser wahrhaft spätgotischen Epoche erscheint heute noch der Peringsdörfer Altar aus der Kirche des ehemaligen Pilgerhospizes Heilig Kreuz, das einst die Patrizierfamilie Haller gestiftet hatte; heute ziert dieser Altar die nahegelegene Friedenskirche.

In diesem Zeitraum wachsender bürgerlicher Kunstübung nahmen die in Nürnberg seit etwa 1350 beliebten Totenschilde mit Rund- und Achteckformen eine mit der Tradition Nürnberger Kargheit kaum zu vereinbarende Opulenz an; sie wurde erst 1494 durch ein Ratsverbot zugunsten einfacher, kunstlos bemalter Brettschilde abgeblockt. Dagegen erlebte die Glasmalerei in der Fensterausstattung des Lorenzer Ostchors noch einmal einen Höhepunkt. Neben einheimischen Kräften, die sich besonders im Rieter- und Kaiserfenster auszeichneten, tauchte auch ein renommierter auswärtiger Name auf, der des damals in Deutschland berühmtesten deutschen Glasmalers Peter Hemmel von Straßburg(-Andlau), der das Wurzel-Jesse-Fenster, gestiftet von den Volckamers, mit einem bis dahin nicht gekannten Aufwand an Farbfreudigkeit und technischer Perfektion schuf. Als „Florenz des Nordens" erfüllte sich Nürnberg in der einzigartigen Schedelschen Weltchronik von 1493, die damals als berühmteste Städteenzyklopädie das Ruhmeskapitel der Dürerzeit einleitete. Anzunehmen, daß auch Michael Wolgemut und der junge Dürer an der Ausführung der Holzschnitte mitbeteiligt waren. Die Weltchronik erschien ein Jahr vor Dürers erster Reise nach Venedig. Der universale Plan der Schedelschen Weltchronik war wohl nur in einer Stadt von der Dimension der Reichs- und Kaiserstadt Nürnberg denkbar. Voraussetzung für ein solch umfassendes Opus waren Urbanität, Weltbürgerlichkeit, souveränes Stadtbewußtsein, reichsstädtischer Stolz und nicht zuletzt das Aufblühen des neuen Zeitgeistes des Humanismus, wie ihn vor allem der aus Eichstätt gebürtige Willibald Pirckheimer vertrat.

Blick vom Johannisfriedhof zur Burg, Stahlstich nach J. A. Klein, 1809.

IV. Beginn der Neuzeit in Nürnberg

Dürerzeit — Nürnberg als „Florenz des Nordens"

Nürnberg erreichte, aus handwerklichen Voraussetzungen aufgestiegen, seinen europäischen Zenit um 1500, erfüllt von der neuen Geisteswelt des Humanismus. In dieser „europäischen Sternstunde" der Reichsstadt konnte endgültig von einem „Florenz des Nordens" gesprochen werden. *Jacob Wimpheling* hat 1507 als Zeitgenosse die Situation trefflich veranschaulicht: „Was soll ich von Nürnberg sagen, welches fast mit allen Ländern Europas Handelsverbindungen unterhält und seine kostbaren Arbeiten in Gold und Silber, Kupfer und Bronze, Stein und Holz massenhaft in alle Länder absetzt? Es strömt dort ein Reichtum zusammen, von dem man sich kaum eine rechte Vorstellung machen kann." Die ungewöhnliche Verdichtung von Künstlern, Gelehrten, humanistischen Persönlichkeiten und patrizischen Mäzenen legt einen Vergleich mit dem Florenz der Medici nahe. Das gilt für den Kunstschlosser Peter Henlein so gut wie für den Seefahrer Martin Behaim. Unterschiedlichen Geblüts waren die Hauptmeister dieser Epoche. Da steht als Werkmeister *Adam Kraft,* der mit rustikaler Urwüchsigkeit, noch stark der nürnbergischen Tradition verhaftet, doch in der Kombination von Bildhauer und Werkmeister statuarische Kraft und architektonisches Feingefühl in Beziehung setzen konnte. Nach Wesen und Wirkungskreis blieb er Nürnberger, nicht ohne Bindung an die mittelalterliche Handwerksübung. Er hat das „Nürnbergische" aus dem Wirken der Starken Generation um 1440 wohl am deutlichsten übernommen und am reinsten verkörpert. Man vergleiche etwa das Gefolge in dem mächtigen Triptychon am Ostchor von St. Sebald, das als „Schreyersche Grablege" bekannt geworden ist. Der altarartige Aufbau öffnet sich zum damals noch vorhandenen umgebenden Friedhof. Die bäuerlichen Charakterköpfe erscheinen wie Nachfahren der Knoblauchsländer Bauern. Schon wenige Jahre später, in dem Relief der Stadtwaage von 1497, setzt sich in der klargefügten, doch fein in der Achsenbildung abgestimmten Komposition die Aussonderung des Renaissancegeistes durch. In den Kreuzwegstationen zum Johannisfriedhof wird die gesamte „Nürnberger Passionslandschaft" zwischen Pilatushaus bis hin zur Heiliggrabkapelle (Holzschuherkapelle) auf dem Gottesacker umschrieben. Die andersartige Mentalität Adam Krafts wird offenbar, wenn man sie mit der Sensibilisierung der damaligen Kunst in Würzburg und ihres Hauptmeisters Tilman Riemenschneider vergleicht. Adam Kraft steht wesensmäßig am nächsten der *ältere Peter Vischer,* führender Kopf der berühmten Nürnberger Gießhütte. Sein Selbstbildnis am Sebaldusgrab zeigt ihn, nach Aussage der Zeitgenossen, so „wie er täglich in seiner Werkstatt umbgangen". Beim Sebaldusgrab scheint der Erstentwurf des Peter Vischer noch eng dem Mittelalter verbunden; man weiß, daß er gotische Plastiken als Modellvorlagen gesammelt hat. Der Gesamtentwurf sah drei bis zu 17 m Höhe ins Gewölbe steigende Turmspitzen gleich einer dreifachen Addition von Adam Krafts Sakramentshäuschen vor, die Höhe der Turmspitzen entsprach etwa der des „Schönen Brunnens". Seine Söhne, die in Oberitalien die neue Mode der Renaissance kennengelernt hatten, reduzierten den Urplan des Vaters einschneidend, vor allem Peter Vischer der Jüngere, der in Nürnberg ein neues Formgefühl einführte. Die Architektur schlug mit Kuppelbildungen gegenüber dem Entwurf des älteren Peter Vischer einen zukunftsweisenden Weg ein. Diese im 16. Jahrhundert ausgeprägte italienische Komponente Nürnbergs wurde von Peter Flötner im Apollobrunnen fortgesetzt, der ursprünglich für das Schießhaus am Sand bestimmt war; die Orientierung an dem antiken Vorbild des „Apoll von Belvedere" ist unverkennbar. Unter den Nürnberger Großmeistern bestand ein gutes Einvernehmen. So berichtet der Nürnberger Künstlerbiograph Johann Neudörfer 1547, „daß Peter Vischer, Adam Kraft und der Kupferschmied Sebastian Lindenast ‚gleich miteinander aufgewachsen und wie Brüder gewesen und allemal freundlich und brüderlich voneinander geschieden seien . . ."

Dagegen war der vielseitige Plastiker und Baumeister *Veit Stoß* keineswegs nürnbergischen Geblüts. Seine künstlerische und biographische Vergangenheit tendiert zum Oberrhein, vor allem nach Schwaben. Einer seiner Lehrmeister war Nicolaus Gerhaert von Leyden, der besonders in der Kreuzigungsgruppe des Nördlinger Hochaltars in Erscheinung getreten ist. Vor der Berufung nach Krakau, wo Veit Stoß mit dem Marienaltar eine der gewaltigsten altarbaukünstlerischen Schöpfungen des Spätmittelalters vollbrachte, hat er in Nürnberg relativ wenige Spuren hinterlassen. Wahrscheinlich kann man den heftig bewegten Erzengel St. Michael im Langhaus der Lorenzkirche und vielleicht auch einen Johannes Baptista in der Johanniskirche als Vorleistungen betrachten. Seine Rückkehr nach Nürnberg brachte Stoß zunächst wenig Glück. Eine Urkundenfälschung, die er in der Geisteshaltung eines Michael Kohlhas inszeniert hatte, führte zu seiner Brandmarkung (1503). Ein Leben lang kämpfte Veit Stoß um seine Rehabilitierung. Ihm war es gegeben, die expressive Wirkung des Holzes voll auszuschöpfen. Daneben war er als Steinbildhauer, Graphiker und Maler (Münnerstädter Altar), aber auch als Rotschmied und Brückenbauer aufgetreten. Selbst mit Italien stand er in Verbindung, wie u. a. ein Auftrag aus Florenz bezeugt. Später erfuhr er eine Förderung durch einen großen Riemenschneider-Mäzen, den Würzburger Bischof Lorenz von Bibra, der seine künstlerische Qualität durchaus zu schätzen wußte. Die Vielseitigkeit der genannten drei Hauptmeister der Dürerzeit umschreibt zugleich die Bandbreite neuer Gedanken in einer entscheidenden Epoche Nürnberger Kunstentwicklung.

Mauthalle, erbaut 1498—1502, von Hans Beheim d. Ä., Zustand vor Umbau 1897/98.

Hans Beheim der Ältere — Nürnbergs Stadtbaumeister der Dürerzeit

Hinter den erwähnten Großmeistern der Dürerzeit verblaßt im Öffentlichkeitsbewußtsein zu Unrecht der Stadtbaumeister jener Epoche, Hans Beheim d. Ä. Er war so wenig ein Nürnberger wie Veit Stoß, schloß sich auch nicht an jene Nürnberger Bautradition an, die Jakob Grimm in St. Lorenz unterstrichen hatte. Als Oberpfälzer, gebürtig aus Sulzbach, war ihm jedoch die künstlerische Nähe des ostfränkischen Elements in Nürnberg wohlvertraut, ja man kann behaupten, daß er sie sogar noch entscheidend durch seine kompakten Bauschöpfungen verstärkt hat. Anlaß seiner Berufung war eine große Baumeisterkrise am Pegnitzausfluß im Jahr 1489. Hans Beheim, der sich schon vorher durch seine Tätigkeit in Sulzbach, Neumarkt und in der Reichsstadt Windsheim einen Namen gemacht hatte, wurde nach Nürnberg berufen. Er setzte die „Große Form“ der Nürnberger Baukunst fort und steigerte sie zur stadtbaukünstlerischen Bedeutung. Vor allem durch die Errichtung von Kornhäusern, die nachmals als besondere Sehenswürdigkeiten Nürnbergs galten und auch den Besuch Kaiser Karls V. erfahren durften, war Beheim mit neuen Baugewichten im Stadtbild aufgetreten. Im „Unschlitthaus“, das im alten Stadtgraben errichtet wurde, zeigte sich bereits seine glückliche Verbindung von Ingenieurkunst und baukünstlerischer Begabung. Eine städtebaulich entscheidende Leistung war die Erstellung der Kaiserstallung an Stelle jener häßlichen Baulücke, die durch die Zerstörung der ehemaligen Burggrafenburg herbeigeführt worden war und die noch auf dem genannten Altarflügel des Augustineraltars in Straubing besonders deutlich hervortritt. In den Jahren 1494 — 1495 gelang Hans Beheim diese Meisterleistung sowohl in städtebaulicher wie in ingenieurmäßiger Hinsicht. Das Nürnberger Stadtbild hatte damit seine äquivalente „Stadtkrone“ zurückgewonnen. Im Stadtwappen mit Bauinschrift wird erstmals die Zusammenarbeit mit dem wesensverwandten Adam Kraft sichtbar, die sich wenig später nochmals im Waagrelief an der Nürnberger Stadtwaage von 1497 bestätigte. Auch im Lorenzer Sakramentshaus scheint in bestimmten Einzelformen eine Wechselwirkung zwischen Hans Beheim und Adam Kraft erkennbar.

Mit der städtebaulichen Leistung der Kaiserstallung vollbrachte Hans Beheim die schließende „Fermate“ der Stadtkomposition. In der Mauthalle, die 1498 — 1502 auf dem Grabengrund des inneren Stadtgrabens entstand, hat er drei verschiedene Nürnberger Bautechniken in geschickter Abwägung aufeinander abgestimmt: Den Quaderbau, den Backsteingiebel und den Fachwerkerker der Dachzone. Diese monumentale Bausprache hätte vielleicht noch nicht ausgereicht, um ihn in Nürnberg auch architektonisch seßhaft zu machen. Sein städtebauliches Talent trat bereits in Erscheinung, als er durch Schrägstellung der Mauthalle mit der Schöpfung des Hallplatzes auch ein entsprechendes Ambiente schuf. Am Heiliggeist-Spital, das sowohl aus rationellen wie aus hygienisch-medizinischen Gründen als Pegnitzüberbrückung gebaut war, hatten sich jahrelang verschiedene Meister der Wasserbaukunst vergeblich versucht. Hans Beheim gelang es, das Problem technisch wie stadtbaukünstlerisch befriedigend zu lösen. Ganz neue Aufgaben stellte die Erweiterung des Alten Rathauses. Hans Beheim brachte mit der Synthese von gotischen Formen und neuzeitlichen Einflüssen des 16. Jahrhunderts eine besonders geistreiche Kombination zustande, die leider im letzten Krieg weitgehend zerstört wurde. Für den Beheimschen Rathausteil wurde eine farbige Bemalung mit perspektivischer Architektur, mit Balustraden und allegorischen Figuren vorgesehen. Bei den Nürnberger Bürgerhöfen hat er auf den Gedanken der Maßwerkgalerie von St. Lorenz zurückgegriffen, wie man heute noch in dem zum Teil erhalten gebliebenen Welserhaus in der Theresienstraße erkennen kann. Hans Beheim hatte ein besonderes Geschick, Elemente der Sakralbaukunst mit solchen der Profanbaukunst zu verbinden. St. Lorenz bezeugt es mit der von ihm geschaffenen inneren Sakristeiwand samt Treppenturm, der ebensogut in einem Nürnberger Patrizierhof stehen könnte. Beheims Vielseitigkeit dokumentierte sich in den Rundbastionen von 1527 am Kappenzipfel und am Fürther Tor. Die Idee solcher Rundbastionen geht auf Leonardo da Vinci zurück, wirkt aber bereits etwas altertümlich da im gleichen Jahr die Entwürfe zu Dürers Befestigungslehre im Druck erschienen. Das hohe Ansehen des Hans Beheim wird in auswärtigen Berufungen erkennbar; sie ließen ihn u. a. im Dienst der Grafen von Mansfeld und beim Brückenbau in Torgau zum Einsatz kommen. Hans Beheim war nicht nur ein überragend begabter Künstler, sondern auch ein sehr gesuchter Bausachverständiger; darüber hinaus zeichnete er sich als Organisator des städtischen Bauamts wie durch eine neue Spitalordnung für Heiliggeist aus. Seine überragende Persönlichkeit war in Stadt und Land gleichermaßen akzeptiert. Er vollendete die in Nürnberg gewachsene Bausprache und legte den Grundstein zur neuzeitlichen Stadtbaugestaltung. Auch im kirchlichen Bereich bewies er seine künstlerische Unabhängigkeit, besonders in den architektonisch virtuosen Leistungen hängender Schlußsteine, wie sie uns die Landauersche Zwölfbrüderkapelle und die Holzschuherkapelle auf dem

Nürnberg, halbzerstörte Burggrafenburg mit spätgotischer Häusergruppe im Bereich Söldnersgasse. Aus „Darstellung Jesu im Tempel“ von Michael Wolgemut auf dem Altar der ehem. Augustinerkirche (heute Straubing, Jakobskirche).

Johannisfriedhof vor Augen führen. Familiär setzte sich seine Tradition in Hans Beheim dem Jüngeren und Paulus Beheim fort.

Albrecht Dürer als Persönlichkeit

Kraft seiner universalen Persönlichkeit nahm Albrecht Dürer im „Florenz des Nordens“ zweifellos die führende Position ein. Schon sein Vater, aus Ungarn zugewandert, besaß einen hohen Ruf als berühmtester Goldschmied in Deutschland. Die Strenge seiner Erziehung wird in den Porträts des jungen Albrecht Dürer erkennbar. Auf Geheiß des Vaters begann er die Ausbildung als Goldschmied, was ihm später, auch nach seiner Umsattelung zur Malerkunst, vor allem in der Verfeinerung seiner graphischen Begabung, in den Zyklen seiner Passionen, in der Apokalypse und im Marienleben sehr zugute kam. Die Malerlehre bei Michael Wolgemut verlieh ihm die handwerklichen Voraussetzungen. Dürer hat nie vergessen, wieviel er dem Altmeister der Nürnberger bildenden Kunst verdankte, wie ein späteres Porträt Michael Wolgemuts von 1516 zeigt. Die solide malerische Ausbildung war unabdingbare Voraussetzung für die Entwicklung seiner künstlerischen Persönlichkeit. Dürer war ein „moderner“ Mensch. Dies zeigte sich zum Beispiel in der Verbreitung seines Stils durch seine Graphiken, die sich nicht allein auf religiöse Zyklen, sondern auch auf wissenschaftliche Werke erstreckten. Seine besondere Begabung für Porträts wurde zum ersten Mal in einem Selbstbildnis mit 14 Jahren, wo er kritische Distanz zu sich selbst nahm, erkennbar. Daneben stand eine intensive Naturerforschung, die sich in zahlreichen Einzeldarstellungen von Tieren, Pflanzen, Steinbrüchen und vor allem in dem berühmten „Großen Rasenstück“ als Mikrokosmos offenbarte. Den Ruhm Nürnbergs hat er nicht zuletzt mit den Bildnissen bedeutender Patrizier weit über die Grenzen Frankens hinaus verbreitet. Dürer war als Humanist ein wacher Beobachter der Reformation, ohne sich ihr unmittelbar anzuschließen. Das zeigt etwa sein Verhalten vor Antritt seiner letzten großen Reise in die Niederlande (1520/21), für deren glückliches Gelingen er vorher eine Wallfahrt nach Vierzehnheiligen unternimmt.

Von Dürer kann behauptet werden, daß er seine Epoche als Künstlerpersönlichkeit wie kein anderer geprägt hat. Mit Recht spricht man deshalb von einer „Dürerzeit“. Seine künstlerische Entwicklung weicht von der damals üblichen Linie ab. Zwar hat er durch eine Gesellenfahrt an den Oberrhein die Begegnung mit Martin Schongauer gesucht, dessen graphisches Werk ihn stark beeindruckte. Er traf den Altmeister der deutschen Graphik allerdings nicht mehr lebend an. Dürer überschätzte nicht die damals übliche Gesellenreise in den Bereich der altniederländischen Kunst, die vor allem durch Jan van Eyck, Rogier van der Weyden und Hans Memling begründet worden war. Die Flucht vor der Pest ließ 1495 einen schnellen Entschluß reifen, der ihn über Innsbruck und Trient nach Venedig führte. Dagegen wird die hypothetische Fortsetzung seiner Reise nach Florenz und Rom in seinem Werk nirgends erkennbar. Es ist sicher unzutreffend, hier von einer direkten Begegnung zwischen Dürer und Italien zu sprechen. Venedig brachte völlig andere Impulse, die vor allem „adriatisch“ und damit im Sinne einer Pleinairmalerei zu verstehen sind. Schon auf der Hinreise nach Venedig entstand eine Reihe von Landschaftsaquarellen, die freilich nur als Skizzen gedacht waren, um dann in späteren

Werken in Hintergrundkompositionen von Bildern verwendet zu werden. Beinahe unbeabsichtigt hat Dürer hier Meisterwerke geschaffen, die der eigenen Zeit weit vorauseilen, stellenweise bis auf die Art eines Cézanne vorausweisen, wie zum Beispiel sein Blatt „welsch pirg“, das in der Nähe von Trient entstanden war. Manche Blätter wie „Trient“ und „Innsbruck“ dürften wohl erst von der Rückreise stammen, d. h. nach dem venezianischen Erleben eines neuen Mediums von Licht und Farbe. In diese Reihe gehört offenbar auch die meisterhafte Darstellung von Arco mit seinen olivbesetzten Hängen. Fast etwas hölzern nehmen sich daneben frühere heimische Aquarelle wie die „Drahtziehmühle“ und „St. Johannis“ aus, obwohl sie innerhalb Frankens damals schon Neuland bekundeten. Das eigentliche Studium Albrecht Dürers galt in Venedig der Bevölkerung sowie dem Nebeneinander aufwachsender Bauten der gotischen Epoche und der neuen Renaissancebauten, aber auch den mondänen Frauen der Lagunenstadt in ihrer festlichen Kleidung.

Künstlerisch entscheidend wurde für ihn die Begegnung mit der damals in Venedig maßgebenden Malerfamilie Bellini. Anregungen für den klassischen Kompositionsaufbau haben beispielsweise in der Hallermadonna ihren Niederschlag gefunden, die sich heute in der Galerie in Washington befindet. Dürer überließ sich in Venedig dem exotischen Zauber der lebensfrohen Aura, die mehr aus dem Orient als vom italienischen Festland angeregt wurde. Ein beliebter Treffpunkt mit Kaufleuten, Gelehrten und Künstlern war der unweit der mittelalterlichen Rialtobrücke — damals noch eine Holzbrücke — gelegene Fondaco dei Tedeschi. Nach seiner Rückkehr aus Venedig ist aus dem lernbegierigen Schüler, als der er noch auf dem Selbstbildnis von 1493 erscheint, ein selbstbewußter Gentiluomo geworden. Seine nächsten Selbstbildnisse lassen diese Wandlung ablesen. Hier, ebenso wie in seinen Patrizierporträts, wird Dürer zum Gestalter eines neuen Menschenbildes. Gleichzeitig erwies er sich als Wegbereiter der europäischen Landschaftsmalerei. Zur entscheidenden Auseinandersetzung zwischen nordischem und mediterranem Formgefühl kam es auf seiner zweiten venezianischen Reise 1505 — 1507. Den absoluten malerischen Höhepunkt bildete das „Rosenkranzfest“, mit dem sich Dürer,

Sebalduskirche, Blick vom Chor mit Sebaldusgrab im Langhaus. Von Gg. Christoph Wilder und Ph. Walter, 1851.

der sich als „germanus“ bezeichnete, erstmals als anerkannter europäischer Maler auswies. Als er Venedig verläßt, ist er sich des Umbruchs wohl bewußt. Abschiedsschmerz äußert sich in seinem berühmten Ausspruch: „Wie wird mich nach der Sonne frieren.“

Dürers Entwicklung wurde durch Venedig bereichert, ohne den „noricus“ aus seiner Bahn zu drängen. So hat ihn noch Goethe beurteilt: „Sieht man es dem Albrecht Dürer sonderlich an, daß er in Venedig gewesen? Dieser Treffliche läßt sich durchgängig aus sich selbst erklären.“

Dürers „reichische Bindung" erfüllt sich 1512 mit dem städtischen Auftrag zweier Kaiserbildnisse für die Heiltumskammer am Hauptmarkt. In der Darstellung Karls des Großen besitzen wir das älteste authentische Zeugnis des Reichsornats. „Reichisch" inspiriert waren auch die Handzeichnungen zum Gebetbuch Kaiser Maximilians I.

„Das Gerät im Raum" — Nürnbergs Sonderleistung am Übergang zur Neuzeit

Eine überragende Sonderleistung Nürnbergs stellt um die Zeitenwende eine neue übergreifende Raumvorstellung dar. Sie artikuliert sich als „Gerät im Raum". Dominante Ausstattungsstücke erheben architektonischen Anspruch und formen das bisher dem Bau allein vorbehaltene Raumgefühl in universaler Weise um. Die Bildwerke werden selbst integrierende Bestandteile des Raumes. Als erster hatte sich *Adam Kraft* an dieser Aufgabe versucht. Sein Sakramentshäuschen in St. Lorenz kann als „Architektur im Raum" gesehen werden. Die stufenförmig aufgebaute Turmmonstranz scheint unmittelbar die Tradition des Schönen Brunnens fortzuführen.

Das aus Kalkstein geformte Meisterstück zeigt Adam Kraft als einen Meister steinerner Artistik. Dieses durchbrochene filigranhafte Wunderwerk ist auf einem Boden entstanden, den auch das Kraftsche Selbstbildnis verkörpert, nämlich dem der Zunftfreiheit. Daß Adam Kraft auch als Werkmeister ausgebildet war, kommt ihm zugute beim komplizierten Architekturgerüst dieses in den Chorraum einbezogenen Denkmals mit eingerollter Fiale, die sich dem Chorgewölbe des Jakob Grimm anpaßt, aber keineswegs unterordnet. Adam Kraft war zwar nicht der Erfinder des Sakramentshauses, dessen Vorbilder eine Generation früher im schwäbischen Raum zu verfolgen sind, aber er hat die Vervollkommnung des Typs auf einen bis dahin nicht erreichten Gipfel geführt. Innerhalb des Hallenchors hat das Sakramentshaus die Funktion des Auftaktes zum Chorschluß übernommen.

Veit Stoß gibt mit dem schwebenden visionären Kultbild des „Englischen Grußes" dem Lorenzer Chor formal wie geistig seine definitive Mitte. Die Raumachse, die von der Rosette des 14. Jahrhunderts über den Kronleuchter Peter Vischers und das ältere Triumpfkreuz der Familie Imhoff (arbor vitae) führt, leitet über den Marienleuchter hin zur zentralen Begegnung von Maria und dem Verkündigungsengel. Die technische Begabung des Veit Stoß erhellt aus einer eigenen Windenkonstruktion zum Auf- und Abziehen des Bildwerks (1517 — 1518). Die überlebensgroße Figurengruppe sammelt in sich farbig wie formal alle Facetten der Chorausstattung einschließlich der Glasgemälde.

Peter Vischer und seine Söhne hatten mit dem Sebaldusgrab ebenfalls ein neues Verhältnis zwischen Ausstattung und Raum herbeigeführt. Das Ursprungskonzept mit den hohen Spitztürmen stand noch ganz in jener gotischen Tradition, die auch Adam Kraft in seinem Sakramentshaus zu einer Verschmelzung mit dem Chorgewölbe führte. Die ursprünglich geplante Raum-Verflechtung wurde jedoch durch den Einfluß der Renaissance und die neugewählte Kuppelarchitektur verhindert. Eher wäre hier schon an jenen neuen Zeitgeist zu denken, der in Regensburg im Geiste Albrecht Altdorfers das Baumodell der „Schönen Maria" schuf, das durchaus mit der Kuppelbekrönung des Sebaldusgrabes vergleichbar erscheint. Die starke Durchdringung des ursprünglichen gotischen Aufbaus mit Renaissancegedanken verdichtet sich neben antikisierenden Allegorien in den humanistisch posierenden Apostel- und Prophetengestalten.

Marienverehrung, Reliquiensammlungen

Es gehört zum Bild des „Herbstes des Mittelalters", daß immer wieder traditionalistische und neuzeitliche Strömungen aufeinanderprallen. Alte Frömmigkeit und Reformation boten dafür genug Anlaß. Besonders an der Form der „Marienverehrung" schieden sich die Geister. Eine allzu hektische Marienverehrung in Regensburg erregte wegen ihres übersteigerten „Götzendienstes" den Zorn Martin Luthers.

Maßvoller verfuhr man in Nürnberg, wo sich nicht die Zwietracht der Konfessionen entladen konnte. Vielmehr wurde die neue evangelische Religiosität als „Reformation der alten Kirche“ verstanden. So war es letztlich kein Widerspruch, wenn Endres Tucher den „Englischen Gruß“ von Veit Stoß am Vorabend der Reformation als riesenhaften Rosenkranz mit herabhängenden Paternosterschnüren in den Lorenzer Chor stiftete und wenige Jahre später als Wegbereiter der Reformation auftrat. Übergreifende Tendenzen zwischen den Konfessionen gab es auch auf dem heftig umstrittenen Feld der immer mehr sich veräußerlichenden Reliquienverehrung. Albrecht von Brandenburg, der neue Erzbischof von Mainz, hatte nicht nur den leicht blasphemischen Satz geprägt: „Gott hat uns ein Amt gegeben, lasset es uns nun genießen.“ Er hatte auch einen riesigen Heiltumsschatz angehäuft und zwar in der ihm unterstellten Stadt Halle. Das ließ den rivalisierenden sächsischen Fürsten Friedrich den Weisen nicht ruhen, obwohl er doch als Protektor Martin Luthers und der evangelischen Sache mehrfach aufgetreten war. Auch er sammelte, sehr zum Leidwesen Luthers, einen großen Reliquienschatz für die Schloßkirche in Wittenberg mit allen nur denkbaren Konsequenzen der Ablaßgewährung an, unterstützt von dem aus Spalt gebürtigen Spalatinus. Lucas Cranach hat in fürstlichem Auftrag die Kostbarkeiten dieses Reliquienschatzes mit großer Akribie ins Bild gesetzt.

Nürnberg befolgte die lutherischen Lehren zwar ernsthaft, verschloß sich aber den bilderstürmerischen Thesen eines Karstadt, der sich in Wittenberg nicht gescheut hatte, sogar Altäre zu zerstören. So blieb Nürnberg, anders als die Reichsstadt Nördlingen, vor einem Bildersturm bewahrt. Reichsstädtische Toleranz und Pietät gegenüber den kirchlichen Stiftungen der patrizischen Vorfahren führten zu dieser toleranten Lösung.

Das Geschlecht der Rieter

In die gleiche Richtung zielte das Verhalten der Patrizierfamilie Rieter. Gerade sie bewies beispielhaft die reichsstädtische Toleranz zwischen mittelalterlicher Frömmigkeit und Reformation. Die tiefe Gläubigkeit der Familie führte sie auch auf die beschwerliche und gefährliche Reise ins Heilige Land. Nach glücklicher Rückkehr 1479 erfüllten die beiden Brüder, Sebald und Peter Rieter ein Gelöbnis und stifteten eines der schönsten Glasgemälde in den eben vollendeten Chor von St. Lorenz: das von leuchtendem Blau durchglühte Genesisfenster. Es schildert in seiner ungewöhnlichen Ikonographie mit deutlichem Bezug auf die eigene Pilgerreise den Auszug der Juden aus Ägypten unter Moses ins Gelobte Land. Das Fenster, entworfen in der Werkstatt Michael Wolgemuts, zählt nach seinem Bild und seiner Gestaltung zu den damals hervorragendsten Glasmalereien im deutschen Kulturgebiet. Die damit verbundenen materiellen Aufwendungen waren beträchtlich: Sie entsprachen etwa dem Preis für zwei ausgebaute Nürnberger Wohnhäuser. Die Rieter erbrachten nicht nur fromme Stiftungen. Sie erwiesen sich nach der Reformation als eifrige Kunstsammler. Ihre Patronatskirchen in Kleinschwarzenlohe bei Schwabach und Kalbensteinberg auf dem Weg nach Gunzenhausen sind heute noch wahre Schatzkammern der Kunst. Neben einheimischen Schöpfungen stehen solche, die offenbar im Sammeleifer von auswärts erworben wurden, vor allem verschiedene Heiligenfiguren (z. B. Heilige Walburga, Hl. Ottilia), die in einer evangelischen Kirche an sich nichts zu suchen hatten. Die meisten dieser Plastiken waren freilich während der Reformation auf den Dachboden verbracht — Hans Rieter ließ sie um 1610 erneut in den Kirchen aufstellen und zwar weniger unter religiösen als musealen Gesichtspunkten. So dürfte auch Riemenschneiders bemalter Altar mit dem „Apostelabschied“ seinen Aufenthalt in Kleinschwarzenlohe durch Erwerb gefunden haben.

Die größte Kostbarkeit birgt die Rieterkirche in Kalbensteinberg mit einer Ikone der Nowgoroder Schule; sie schildert die Taten des heiligen Theodorus. Diese Ikone stellt für Franken ein einzigartiges Zeugnis dar. Der hochgelehrte Rektor Döderlein hat der Tafel eine eigene Abhandlung gewidmet, gewissermaßen die früheste kunstgeschichtliche Arbeit in Franken überhaupt. Die von Hans Rieter um 1610 gestifteten Emporen mit gotisierendem Maßwerk entsprechen dem damals in Nürnberg geübten „reichischem“ Brauch. Auch dort zeigte man in dieser Zeit noch Hofgalerien, z. B. im Pellerhaus, die ähnlich retrospektive gotisierende Elemente enthielten.

Nürnberger Friedhöfe: Johannis- und Rochusfriedhof

In den weiträumigen Sakrallandschaften vor den Toren Nürnbergs spielten die Friedhöfe eine wichtige Rolle. Ursprünglich waren die Gottesäcker um die Hauptkirchen angelegt, wie man heute noch aus deren umhegenden Platzanlagen ersehen kann. Die Verlegung nach draußen war eine Selbstschutzmaßnahme; denn die Bürger waren zu der Überzeugung gelangt, daß die innerstädtischen Friedhöfe, oft durch Kapellen bereichert, nicht selten der Ausgangspunkt für die Pest und andere Seuchen waren.

Der Johannisfriedhof trat die Nachfolge von St. Sebald an. Ausgangspunkt war ein Siechkobel mit Kirche; Dürer schildert die ursprüngliche Situation auf einem seiner Aquarelle. Der neue Friedhof war durch Zusammenlegung des alten Pestfriedhofs mit mehreren anderen Begräbnisplätzen unterschiedlicher Art 1518 — 1520 zustandegekommen. Der Brauch liegender Grabsteine bestand von Anfang an.

Dem Johannisfriedhof entsprach auf der Lorenzer Seite der Rochusfriedhof. Von berühmten Nürnbergern war hier der alte Peter Vischer bestattet. Der Rochusfriedhof war gleichzeitig mit dem Johannisfriedhof (1517 — 1518) während einer Pestepidemie entstanden; 1520 bis 1521 wurde im Auftrag der Patrizierfamilie von Imhoff die endgotische Rochuskapelle erbaut. Auch hier die gleichen Liegegräber aus Sandstein wie auf dem Johannisfriedhof. Seit dem 17. Jahrhundert wurden die Sarkophage im Sinne des Barock pomphafter gestaltet. Die kreierten Formen wurden bis zum Ende des 18. Jahrhunderts nicht mehr wesentlich verändert, was der statischen Gesinnung der Nürnberger entsprach. Die auf den Sarkophagen angebrachten Messingtafeln (Epitaphien) entstammten angesehenen Nürnberger Werkstätten. Eine Sonderrolle spielte der angegliederte Militärfriedhof, der seit 1693 in Funktion trat das Gräberfeld bleibt in seinem Verfall nicht ohne eine gewisse Poesie.

Fembohaus (ehem. Oyrlsches Haus), „Manieristische“ Dachlandschaft.

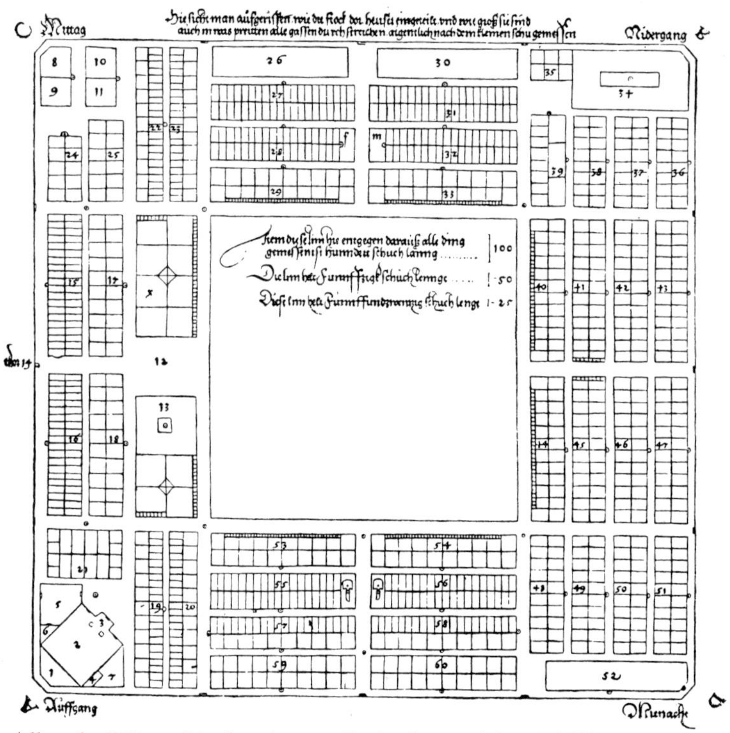

Albrecht Dürer, Idealstadt aus „Befestigungslehre“ 1527.

V. Manierismus und Barock

Dürer „noricus" und seine Bemühungen um die Idealstadt

Dürers Befestigungslehre von 1527 offenbarte den großen Nürnberger als Mittler zwischen Mittelalter und Neuzeit. Wenn er sich um 1506 in Venedig im „Rosenkranzfest" noch als „germanus", 1511 im „Allerheiligenbild" als „noricus" bekennt, so spricht daraus nicht zuletzt der Stolz des Reichsstädters, der mit Nürnberg zugleich den Begriff europäischer Geltung verbinden konnte. An einer Stelle der Befestigungslehre tritt dieses neue Verhältnis zur damals bekannten Welt besonders auffällig in Erscheinung: In seiner Bemühung um die moderne Stadt der Zukunft. Hier sind alle noch mittelalterlichen Vorstellungskriterien aus seiner Jugendzeit eliminiert. Dürer sucht einen neuen, für die damalige zukunftsbezogene „Moderne" gültigen Stadtbegriff und er vermag ihn auch in klar umrissenen Projekten zu verwirklichen.

Es entsprach durchaus seinen ehemaligen mediterranen Intentionen, wenn sich Dürer früheren Projekten aus dem Quattrocente zuwandte. Hier hatten tatsächlich die Italiener als Meister der Regularität Pionierarbeit geleistet, wenn auch zunächst nur im theoretischen Bereich. Filarete hatte eine zentralbezogene „Sternstadt" mit geraden Straßenzügen konzipiert, der große Architekturtheoretiker und Universalgenie Leone Battista Alberti hatte mit neuen Entwürfen die Entwicklung zur Idealstadt vorangetrieben. Gelegentlich wurden diese Ideen auch realisiert. Unter solchen Perspektiven verwirklichte Papst Pius II., der frühere Kardinal Enea Silvio de Piccolomini, die ungewöhnlich strenge Symmetrie seiner neuen Residenzstadt Pienza. Palmanova bietet dagegen schon die ausreifte Lösung des 16. Jahrhunderts.

Die italienische Komponente in Nürnbergs nachmittelalterlicher Kunst

Seit dem Wirken der jüngeren Vischerbrüder und Peter Flötners macht sich in der Nürnberger Kunst immer deutlicher eine italienische Komponente bemerkbar, die bald integrierender Bestandteil der reichsstädtischen Kunst werden sollte. Sie verlebendigt sich ausgeprägt im spannungsvollen *Manierismus* als einer selbständigen Übergangsepoche zwischen Renaissance und Barock.

Das Wesen des Manierismus

Lange Zeit wurde der Manierismus einseitig nur als Übergangszeit von Renaissance zum Barock gewertet. Erst in neuerer Zeit wird ihm die Selbständigkeit einer eigenständigen Epoche zuerkannt, einer Eigenständigkeit, die für die Gesamtentwicklung ausschlaggebend werden sollte. Während vorher in der Wortwurzel „Manier" eine gewisse, fast eklektizistische Geringschätzung mitschwang, war nun eine absolute Stilepoche akzeptiert.

Mit dem Wort „maniera" hatte der italienische Künstlerbiograph Giorgio Vasari, der sich im Sinne der Zeit auf den verschiedendsten Kunstgebieten betätigte, den Spätstil Michelangelos charakterisiert. Danach erhob sich die

Bezeichnung zum Begriff auch für andere Spätstile mit antiklassischer Gegenbewegung. Der Manierismus strebte nicht nach Harmonie, sondern nach dem Außergewöhnlichen, Übersteigerten, sogar bei den psychologischen Grenzbereichen des Menschen. So konnte es schließlich auch zur Verschlüsselung hergebrachter Inhalte und Formen kommen. Die sich immer stärker profilierenden Denk- und Formanstöße zeitigten expressive und exorbitante Lösungen. Die vorherrschende Spannung führte über labyrinthische Umwege schließlich zur neuen vereinheitlichenden Auffassung des Barock.

Ansätze dazu wurden beispielsweise im kriegszerstörten Hirsvogelsaal und in dem pittoresk pointierten Tucherschlößchen erkennbar. Die neue Formgesinnung vermitteln, ins Große übertragen, Antonio Fazunis spitzwinklige kasemattierte Basteien an der Burg und in der nürnbergischen Wasserfestung Lichtenau. Vor allem zeigt der Manierismus seine Kraft in der optischen Umdeutung: Die Basteien sind nicht nur fortifikatorische Zutaten, sondern erheben Anspruch als „Burgsockel", auf den die Kaiserburg gestellt erscheint; dadurch erfährt sie eine denkmalhafte Umdeutung und zugleich Distanzierung von der Stadt. Noch ausgeprägter sind die manieristischen Konsequenzen bei der Anlage der berühmten Geschützrondelle zwischen 1556 und 1564. Es kommt nicht nur zur Ummantelung der mittelalterlichen Tortürme, sondern zu einer kompakten Steigerung des Mailänder Vorbilds, der Rundtürme am Castell Sforza. Manieristische Symptome äußern sich im unterschiedlichen Verhältnis von rustizierendem Quadersockel und glattem, zylindrischen „Turmkörper", am extremsten zugespitzt beim Rondell am Laufer Tor. Die Geschützrondelle kristallisieren sich als Eckpfosten des städtischen Weichbildes heraus. Die beteiligten Stadtwerkmeister Georg Unger und Paulus Beheim haben damit eine großräumige Umdeutung der Stadtvedute um 1560 eingeleitet. Die architektonische Vielfalt und Spannung dieser Zeit wird in Nürnberg hauptsächlich durch die Baumeisterbücher und Plansammlungen des Stadtbaumeisters Wolf Jakob Stromer verbreitet. Er war an der konstruktiven Projektierung der Fleischbrücke neben Peter Carl beteiligt. Allerdings kann hier nicht von einer Vorbildkonstruktion der Rialtobrücke in Venedig gesprochen werden, weil andere statische Voraussetzungen vorlagen. Die Überbrückung der Pegnitz erfolgte in einem einzigen kühnen Bogenschwung.

Photomontage, Ummantelung der mittelalterlichen Tortürme durch Geschützrondelle, um 1560.

Wolf Jacob Stromer, der Nürnberger Ratsbaumeister

In der Person des beamteten Stadtbaumeisters Wolf Jacob Stromer kommt reichsstädtische Universalität voll zum Tragen. Er wird gewissermaßen zum Erben der vom älteren Hans Beheim praktizierten Bautätigkeit. Ingenieurkunst und ausgeprägte Ästhetik vereinigen sich in der vornehmlich als sein Hauptwerk zu nennenden Fleischbrücke. Sie war im Gegensatz zu der Fußgängerbrücke, der Rialtobrücke in Venedig, für den Schwerlastverkehr, also für den Fahrverkehr bestimmt. Daraus ergaben sich ganz andersartige Statik- und Fundamentierungsprobleme. Jacob Stromer, der weitgebildete Stadtbaumeister, hatte seine Erkenntnisse vor allem auf Studienreisen nach Venedig und in andere italienische Städte erworben. Ähnlich Hans Beheim d. Ä. organisierte er das Nürnberger Bauwesen von Grund auf neu. Die von ihm bevorzugten gotischen Formen blieben in Nürnberg Leitmotiv bis zur Neugotik Heideloffs im 19. Jahrhundert.

Von ihm gesammelte Pläne und Risse aus ganz Europa hat er in seinen 12 Baumeisterbüchern zusammengefaßt, ein noch nicht gehobener Schatz europäischer Architekturgeschichte! Das Werk schließt alle Zweige der Spezies Architektur, vom Kirchen- und Befestigungswesen bis zum Brunnen- und Brückenbau ein. Wolf Jacob Stromer stand in enger Verbindung zu bedeutenden Nürnberger Persönlichkeiten. Dies zeigte sich beim außerordentlich schwierigen Bau der schon genannten Fleischbrücke. Zur Seite standen Wolf Jacob Stromer der Zimmermeister Peter Carl und der aus Bamberg berufene Bau- und Steinmetzmeister Jacob Wolff d. Ä. 1596 — 1598 wurde die Brücke auch in konstruktiver Hinsicht hervorragend ausgebaut; sie trotzte selbst dem Bombenhagel des letzten Weltkrieges.

Ausgeprägt manieristisch gibt sich das Zeughaus am Kornmarkt (1588) von Hans Dietmair aus Schaffhausen. Hier treten starke welsche Einflüsse zutage. Die martialische Rustikalfassade, ganz dem kriegerischen Charakter des „Torbanes" angepaßt, greift zurück auf die Tradition Florentiner Paläste des 15. Jahrhunderts. Auch die kuppelbedachten Flankentürme sind „welsch" angeregt.

Johann Carl — der Nürnberger Zeugmeister

Im Schatten der Nürnberger Großbaumeister Jacob Wolff und Jacob Stromer steht zu Unrecht der außergewöhnlich vielseitige Johann Carl. Bei seinem Vater Peter Carl hatte er eine universale Ausbildung erfahren. Auswärtige Denkanstöße wurden ihm ab 1610 in den Niederlanden und in Kurbrandenburg zuteil.

Johann Carl hatte als Zeugmeister das Geschützdepot in Nürnberg betreut. Er schuf mit seiner vorbildlichen Modellsammlung von Geschützen und Kriegsgerät das weitbeachtete „Nürnberger Zeughaus". Die Demonstrationsmodelle waren nach eigenen Konstruktionszeichnungen geschaffen worden. Im engen Zusammenhang mit dieser Tätigkeit wandte er seine besondere Vorliebe der Kriegsbaukunst zu. Sein technisches Wissen qualifizierte ihn um 1630, im Auftrag des Schwedenkönigs Gustav Adolf um Nürnberg eine Neubefestigung mit Erdschanzen durchzuführen.

Überraschenderweise wurde er in Regensburg als Kirchenbaumeister eingesetzt. Mitten im Dreißigjährigen Krieg schuf er als eines der wenigen protestantischen Gotteshäuser die Regensburger Dreieinigkeitskirche in gotisch-renaissancehaften Mischformen. Er verstand es ausgezeichnet, den Neubau in das differenzierte Stadtbild der Donaumetropole einzuordnen. Es handelte sich dabei nicht um den Umbau einer mittelalterlichen Kirche, sondern um einen völligen Neubau, der ganz nach den Vorschriften des evangelischen Gottesdienstes gestaltet war und in seiner Erscheinung ein bezeichnendes Werk des Spätmanierismus darstellt.

Besonders interessant ist Johann Carls entwicklungsgeschichtliche Position zwischen Renaissance und Barock, die ihn gleichsam für den Manierismus prädestinierte. Eine solche Situation ergab sich auf der Fünfsternzitadelle Wülzburg, noch mehr bei dem Remparierungsplan von 1621 für die Reichsstadt Rothenburg o. d. T. Zehn Jahre vor der Erstürmung der Tauberstadt durch Tilly wollte man die veraltete spätmittelalterliche Stadtmauer fortifikatorisch korrigieren. Dies sollte durch einen die ganze Landseite umgebenden neuzeitlichen Bastionsgürtel mit Basteien, Hornwerk und Kronwerk erreicht werden. Doch der Plan kam wahrscheinlich aus Kostengründen nicht mehr zur Ausführung. Sonst wäre vermutlich die ganze einzigartige Stadtmauer Rothenburgs samt dem unvergleichlichen Stadtbild hinter Erdschanzen zumindest „optisch" verschwunden.

Die spektakuläre Vielseitigkeit Johann Carls (1587 – 1655), wurde von den Zeitgenossen honoriert. Sie nannten ihn den „Teutschen Archimed". Mit ihm neigt sich die Reihe der reichsstädtischen Baumeister, die noch bis in den Dreißigjährigen Krieg hineinwirkten, langsam ihrem Ende zu. Sein Generationsgefährte, der jüngere Jacob Wolff, war bereits 1620 verstorben.

In die Zeit des Manierismus gehört der bedeutende Stadtbaumeister *Jakob Wolff der Ältere.* Im Stil nürnbergischer Tradition hat er den steilwüchsigen Bau des Toplerhauses des „Schlössleins auf dem Ponersberg", aufgeführt, seine städtebauliche Wirksamkeit jedoch durch einen mit Säulenstellungen ausgesetzten Steilgiebel verstärkt. Dieser Bau wurde im letzten Krieg völlig zerstört. Eine stark überlokale Färbung nehmen die mehr manieristischen Elemente am sogenannten Oyrlschen Haus (Fembohaus) am Fuß des Burgbergs ein. Durch seine eindrucksvolle Erscheinung vermochte es im „reichischen" Sinn den „Kaiserweg" von der Fleischbrücke über den Hauptmarkt zur Burg mit einem neuen festlich wirkenden städtebaulichen Glanzlicht auszustatten. Die Anregungen dieser Stilsprache gehen letztlich auf den sogenannten Florisstil zurück, der sich in Antwerpen besonders reizvoll entwikkelt hatte und dem generationsgeschichtlich betrachtet auch der junge Rubens angehörte. Ebenso wenig läßt sich verkennen, daß neben dem Kaskadenaufbau des der ansteigenden Straße zugekehrten Giebels vornehmlich in der „Dachlandschaft" nürnbergische Traditionselemente wie die aufsteigenden Gaupenzeilen und Dacherker eingebunden waren. Die Verbindung auswärtiger und nürnbergischer Elemente zu einem „Nürnberger Manierismus" fanden ihren Glanzpunkt in dem Pellerhaus am Egidienberg, das kurz vor dem Dreißigjährigen Krieg mit einer gewaltigen „Dachvierung" abgeschlossen wurde, leider fiel es dem Zweiten Weltkrieg größtenteils zum Opfer.

Jakob Wolff der Jüngere und der Nürnberger Vorbarock

Gegenüber der manieristischen Formenfülle Jakob Wolffs d. Ä. vollzieht sein gleichnamiger Sohn entschieden den Schritt zu einem proportionierten Stil gebändigter Massen, den man durchaus schon als „Vorbarock" bezeichnen kann. Deutlich wird die neue Gesinnung von massierten Baugewichten in dem Baumeisterhaus an der Peunt, das immer noch den „reichischen Charakter" deklariert, eine Tendenz, die dann noch wesentlich prägnanter am Neuen Rathaus zutage tritt. Vielleicht kann man als Reste manieristischer Gesinnung die Auseinandersetzung des kompakten Bahnkörpers mit dem ansteigenden Gelände und die ungleiche Fensterachsenzahl bewerten. Aber diese Spannungen sind nicht mehr von einer extrovertierten Effizienz bestimmt, sondern ordnen sich der großen städtebaulichen Gesamtheit ein. Die dynamische Baumasse greift auf die Tradition etwa des Palazzo Farnese in Rom zurück. Auch die Portale mit allegorischen Liegefiguren Leonhard Kerns ans (Schwäbisch) Hall sind ohne die Medicigräber Michelangelos in Florenz kaum denkbar. Die pavillonartigen Dachaufbauten orientieren sich dagegen an der französischen Schloßbaukunst des 16. Jahrhunderts, übertönen jedoch keineswegs die Dominanz Nürnberger Bautradition; es sind jene Dacherker, die als bescheidene „Belvedere" schon frühere Bürgerhäuser zierten (vgl. S. 47), jetzt aber in eine monumentalisierte Form transportiert wurden. Nicht weniger wirkungsvoll ist die Kontrapunktik des vorbarocken Baus zum benachbarten gotischen Sebalduschor: Barocke Blockbildung gegenüber filigranhaft differenzierter Schmuckgotik führte zu einer gegenseitigen Steigerung und bildet gleichzeitig eine Art „Porta triumphalis" für den letzten Abschnitt des „Kaiserwegs" der Burgstraße. Eine Nachwirkung des vom Neuen Rathaus implizierten Massenstils war noch in dem nach dem Dreißigjährigen Krieg erbauten Waizenbräuhaus zu spüren, das ebenfalls dem letzten Krieg zum Opfer fiel.

Reichsbaumeister bis zum Dreißigjährigen Krieg

Reichsstädtische Baumeister blieben bis zum Dreißigjährigen Krieg zweifellos führend in der Baukunst. Dies ergibt sich aus der Tatsache, daß sie immer noch bedeutende Bauaufträge erteilt bekamen. Auch von den Reichsstädten wenig freundlich gesinnten Fürsten wurden die Reichsstadtbaumeister gern berufen, da sie wegen ihrer jahrhundertelangen Bauhüttentradition den anderen Baumeistern an Erfahrung überlegen waren. Sie stellen also für das 16. Jahrhundert immer noch das bedeutendste Potential im Architekturbereich dar. Elias Holl aus Augsburg konkurrierte mit dem Nürnberger Ratsbaumeister Jacob Wolff im Wettbewerb um den Neubau der Willibaldsburg des Eichstätter Fürstbischofs. Der Augsburger Ratsbaumeister setzte sich durch und vollzog den Neuaufbau unter Zuziehung von welschen „muratori" aus Graubünden. Umgekehrt verlief die Baukonkurrenz auf Schloß Schwarzenberg bei Scheinfeld. Hier vermochte sich Jacob Wolff gegen Elias Holl durchzusetzen. Häufig wurden die Reichsbaumeister als Gutachter nach auswärts berufen; denn in Architekturfragen blieben sie bis weit in den Dreißigjährigen Krieg hinein schlechthin eine Institution.

Besonders deutlich wurde die reichsstädtische Bauhegemonie in der Markgrafenresidenz Ansbach, wo es offenbar keine eigene Bautradition gab. Hier war bereits ein Jahrhundert früher der ältere Hans Beheim an der Gumbertuskirche zum Zug gekommen. Nun war es der Baumeister und Festungsarchitekt Gideon Bacher, den sich die Ansbacher aus der Reichsstadt Ulm geholt hatten. Er führte seit 1594 nicht nur die Breitwandfront der Gumbertuskirche hoch, sondern verband sie mit auffallender welscher Sgraffitotechnik „manieristisch" mit der Markgrafenkanzlei zu einer beherrschenden Baugruppe und zum Stadtwahrzeichen von Ansbach.

Nürnberg im 18. Jahrhundert

Das 18. Jahrhundert läßt eine gewisse Stagnation im Straßenbild nicht verkennen, auch wenn die Ansichten Delsenbachs viel dazu beitragen, das reichsstädtische Selbstbewußtsein möglichst günstig herauszustellen. Eine Ausnahme in dieser Gesamtsituation bildet der Nachfolgebau der Egidienkirche, der nun der 1696 herbeigeführten Brandruine der romanischen Kirche folgte. Der Neubau Johann und Gottlieb Trosts ab 1711 gehorcht ebenfalls einer Nürnberger Bautradition, nämlich der Zweiturmfassade wie bei St. Sebald und St. Lorenz. Im Innern stellte die Egidienkirche vor der Kriegszerstörung einen der schönsten protestantischen Kirchenräume Süddeutschlands dar, der seinen glanzvollen Abschluß durch die Stuckierung Donato Pollis erfuhr. Dieser Künstler war in Nürnberg und Umgebung überaus produktiv, da er seit 1690 die Gesamtentwicklung vom Spätbarock bis zum Rokoko durchlief und dies in zahlreichen Gebäuden, vor allem in Herrensitzen, zur Wirkung brachte. Das 18. Jahrhundert brachte dann freilich einen unübersehbaren Stillstand und die ersten Anzeichen einer absterbenden Reichsstadt. Trotzdem besaß dieses Gemeinwesen noch einen Architekturtheoretiker von internationalem Ansehen; Johann Jakob Schübler. Er war immerhin bedeutend genug, um am Ende seines Lebens noch eine Berufung an den dänischen Königshof zu erhalten, der er jedoch wegen seines vorzeitigen Ablebens nicht mehr nachkommen konnte. Große Bauaufträge hatte die Reichsstadt Schübler nicht mehr zu bieten. So konzentrierte sich seine Tätigkeit vor allem auf theoretische Schriften. Nicht zufällig kam es zur Freundschaft mit Balthasar Neumann, dem er ein eigenes Opus über Fachwerkbau mit einer freundschaftlichen Widmung dedizierte. Neumann kam nicht als Architekt nach Nürn-

Albrecht-Dürer-Platz Nr. 14, 16, 18. Baugruppe nach Holzschnitt 1588.

berg, sondern als Obrist der fränkischen Kreisartillerie. Er war u. a. verantwortlich für den Zuzug von Kanonen aus reichsstädtischen Zeughäusern wie von Windsheim und Rothenburg.

Und noch einmal taucht der Name Neumann in Nürnberg auf, als sein Sohn Ignaz Michael von Neumann gerufen wurde, für den geplanten Neubau der Deutschordenskirche St. Elisabeth Pläne zu erstellen. Sie zählen zu den interessantesten Beispielen des sogenannten Rokokoklassizismus und lassen zugleich Ignaz Michael von Neumann auch als einen der frühesten deutschen Denkmalpfleger erkennen; als solcher hatte er sich bei den Wiederherstellungsarbeiten an den Kaiserdomen von Mainz und Speyer bewährt. Leider kamen die Pläne Neumanns nicht mehr zur Ausführung. Doch auch der heutige Kuppelbau der Elisabethkirche ist in dieser Form in Nürnberg denkbar; in anderen Reichsstädten wie Rothenburg und Dinkelsbühl hätte er als Fremdkörper erscheinen müssen. Beim Blick vom Weißen Turm zeigt sich die gute Plazierung der Kuppel in die monumentale Stadtbildperspektive Nürnbergs, wenn man sie mit dem Geschützrondell am Spittlertor in städtebaulichen Bezug setzt.

Nürnberg, die reichste Brückenlandschaft Frankens

Brückenbau zählte seit dem Mittelalter zu den technisch schwierigsten Unternehmungen. Gelungene Beispiele aus früheren Zeiten waren die Steinerne Brücke in Regensburg, die Karlsbrücke in Prag und die Mainbrücke in Würzburg. Die Vogelschau überrascht in Nürnberg mit einer Vielzahl von Überbrückungen zwischen den beiden Stadthälften St. Sebald und St. Lorenz. Keine Stadt in Süddeutschland kann mit einer vergleichbaren Brückenlandschaft aufwarten, die zudem einen Zeitraum von über einem halben Jahrtausend umgreift. Als älteste Überquerung zählt der Henkersteg aus der Zeit um 1325. Seine beiden Segmentbögen sind von einem steinernen Geläufe (Steinschienen) für das ehemalige Fall- oder Schutzgatter begleitet. Die Anlage erinnert an die Amberger „Stadtbrille“. Noch dem Mittelalter zuzurechnen sind die nördliche Karlsbrücke, sogenannte Derrerbrücke, vor allem die Überbrückungen am Pegnitzeinfluß und am Pegnitzausfluß; ersterer flankiert von T-förmigen Geschütztürmen, letzterer verstärkt durch die spätere Fronveste mit Schleyerturm. Eine neue Epoche der Wasserbaukunst leitete die Überbrückung der Pegnitz durch das Heilig-Geist-Spital ab 1506 ein, ein Unternehmen, an dem viele Baumeister gescheitert waren. Die konstruktive Bewältigung des Problems erbrachte erst die Tätigkeit Hans Beheims seit 1506. Noch im 15. Jahrhundert scheiterten so renommierte Baumeister wie Jacob Grimm und Veit Stoß an weiteren Brükkenunternehmungen.

Egidienkirche nach Barockisierung. Zustand um 1718. Entwurf nach Paul Decker d. Ä.

Im nachmittelalterlichen Bestand spielt zweifellos die bereits erwähnte Fleischbrücke eine überragende Rolle mit. Wolf Jacob Stromer hatte den schwierigen Problemen des Brückenbaus sein besonderes Augenmerk seit jeher zugewendet. Seine überragende Befähigung erweist sich auch bei den beiden Hochwasserkatastrophen von 1595 und 1602, wo ihm die Wiederherstellung sämtlicher 18 Überbrückungen im Stadtbereich oblag. Zu seinen originellsten Brückenschöpfungen zählte die südliche Karlsbrücke, auch ABC-Brücke genannt; der Name stammt von den alphabetisch bezeichneten Krambuden für Tandler und Trödler, die der Brücke aufgesetzt waren. Heute präsentiert sie sich im Zustand von 1728 mit Obelisk und effektvollen Kugelaufsätzen als „Karlsbrücke". Barocker wirkt das Erscheinungsbild der Barfüßer- oder Museumsbrücke von 1700. Ihre triumphbogenartigen Aufsätze sind ganz „reichisch" mit dem Doppeladler heraldisch dekoriert.

Die Brückenlandschaft ergänzt sich nach Westen mit zwei Sonderleistungen des 19. Jahrhunderts, die sich gut in die Abfolge der Brücken einfügen: Der Kettensteg, den der Mechanikus Kuppler als Deutschlands erste freischwebende Flußbrücke 1824 an Stelle des wohl von Dürer konterfeiten hölzernen Trockenstegs am Hallertürlein montierte. Damit war der Archetypus vieler Eisenbahnbrükken des 19. Jahrhunderts kreiert. Als Abschluß der Brükkenlandschaft folgte die dreibogige Maxbrücke von Bernhard Solger mit neugotischer Brüstung; sie entstand 1850 — 1852. Die Gesamtheit des Brückenensembles bleibt unübertroffen und zählt zu den wichtigsten städtebaulichen Beiträgen Nürnbergs.

Brunnen und Städtebau

Eine ähnlich vielgestaltige Reihe wie die der Brücken vermag Nürnberg mit zahlreichen Brunnen zu bieten. In den meisten Fällen zieren sie Plätze, seltener Straßen und Gassen, wenn man einmal von jenen eisernen Pumpbrunnen absieht, wie man sie noch in den 20er Jahren unseres Jahrhunderts beispielsweise im Kreuzgassenviertel antraf. In den meisten Fällen verkörpern Brunnen über ihren Zweck als Laufbrunnen hienaus, schmückende ja städtebauliche Fixpunkte. Dies trifft besonders in Nürnberg zu, wo sie unentbehrliche Richtpunkte für das Gefüge der Straßen und Plätze waren. Ihre Darstellung erfolgte in den variabelsten Formen. Frühe Brunnentypen sind in Kloster- und Spitalhöfen anzutreffen. Nürnbergs ältester Brunnen, der Hansel- oder Heintzenbrunnen aus dem 14. Jahrhundert findet sich im Heilig-Geist-Spital am Ende der für die Spitalpflege wichtigen Quellwasserzuleitung, da im Spital immer die notwendige Frischwasserversorgung gesichert sein mußte. Interessant die Darstellung des mit einer Einzelfigur: Die Gestalt ist als sitzender Schalmeibläser mit allen Attributen der böhmisch inspirierten Mode dekoriert. Seine Hüften werden von einer Kette umschlungen, deren symbolische Ausdeutung nicht restlos geklärt ist und die sich gerade im Kreis der Pfründner und Siechen besonders kontrastreich ausnimmt. Denkbar wäre hier die Vorstellung eines sogenannten Jungbrunnens, eine Idee, die man seit dem Spätmittelalter bis zu Lucas Cranach verfolgen kann. Auch der Gedanke der Gebundenheit in der Krankheit und der Heilung durch das Wasser könnte in den Sinngehalt mit einbezogen sein. Der Heintzenbrunnen eröffnet jene interessante Reihe von denkmalhaften Brunnen, aus denen nur die wichtigsten Beispiele erwähnt werden können.

Ungewöhnlich geistreich die Lösung beim Schönen Brunnen, der in der Nordwestecke des Hauptmarkts seine städtebaulichen Möglichkeiten voll auszuspielen vermag. Er folgt dem mittelalterlichen Typus des künstlerisch gestalteten Stockbrunnens mit umgebendem polygonalen Becken. Die Bildsäule erfährt eine reichhaltige steinmetzartige Gestaltung; die restlichen Originalteile befinden sich heute im Germanischen Nationalmuseum. Entscheidend verstärkt wird die Wirkung des Brunnens durch Vergoldung und Farbfassung. Seit der Dürerzeit treten an die Stelle der Stockbrunnen aufwendige Schalenbrunnen. Gelegentlich wirken sie wie monumentale Tafelaufsätze und bekunden damit ihre Nähe zur bürgerlichen Welt. Das wohl schönste Beispiel finden wir im Tugendbrunnen, der sich mit drei tellerartigen Schalen aufbaut. Benedikt Wurzelbauer hat ihn als typisches Zeugnis eines vom niederländischen Romanismus beeinflußten Manierismus nahe der Lorenzkirche und nicht weit entfernt vom „Nassauer

Haus“ geschaffen. Bewundernswert wieder, mit welchem Geschick das Brunnendenkmal in den Kreuzungspunkt städtebaulicher Sichtlinien placiert wurde! Welche Wirkungen sich damit auch in großen Stadtbildzusammenhängen erreichen ließen, verdeutlichen die ungefähr gleichzeitigen Brunnenschöpfungen der Reichsstadt Augsburg in ihrer Prachtstraße (Maximilianstraße) zwischen Dom und St. Ulrich. Den „reichischen“ Akzent setzen im üppig dekorierten allegorischen Figuralaufbau des Tugendbrunnens die Posaunenbläser mit ihren Nürnberger Wappenschilden.

Bald nach dem „Großen Krieg“ wird für den Platzraum des Hauptmarktes der Neptunbrunnen von Georg Schweigger geplant und gegossen (Vollendung 1694). Er kam niemals zur Aufstellung, sondern wurde schließlich 1796 kurz vor dem Verlust der Reichsfreiheit nach Petersburg (Leningrad) verkauft. Eine Kopie des imposanten Barockwerkes steht heute im Nürnberger Stadtpark.

Eine solche Odyssee blieb den anderen Nürnberger Brunnen erspart. Kleinere, aber sehr wirkungsvolle Beispiele verdanken wir schon um 1550 im Rathausbereich dem einheimischen Erzgießer Pankraz Labenwolf. Die Barockzeit setzt noch einmal mit dem wasserspeienden Tritonbrunnen Johann Leonhard Bromigs, genau ein Jahrhundert nach dem Tugendbrunnen, auf dem Maxplatz einen an Lorenzo Bernini erinnernden, platzraumbeherrschenden Akzent. Der 1821 an der Südostecke des gleichen Platzes entstandene Albrecht-Dürer-Brunnen Heideloffs gibt sich wesentlich bescheidener und verzichtet auf städtebauliche Ambitionen. Solches läßt sich mit Sicherheit nicht von dem modernen „Ehekarussell“-Brunnen von Professor Jürgen Weber behaupten, der nach Dimension und Standort aus der jahrhundertealten Brunnentradition Nürnbergs ausbricht. Das als Huldigung an Hans Sachs gedachte Brunnenwerk wäre noch am ehesten mit dem Neptunbrunnen zu konfrontieren, wirkt aber zu pathetisch und ist städtebaulich in der engen Zuordnung zum Weißen Turm nicht sehr glücklich plaziert. Programm und Gestaltung lösten kontroverse Diskussionen aus. Weniger umstritten, weil moderater gestaltet, blieb sein „Narrenschiff“ von dem Eingang zur U-Bahn in der unteren Königstraße.

Hesperidengärten und Herrensitze

Neben der großen patrizischen Repräsentanz wurde ein sehr bewußtes Eigenleben der Nobili gepflegt. Seit dem Mittelalter umgaben zahlreiche Herrensitze den städtischen Bereich. Als wehrhafte Turmschlösser, etwa in der Art des Topplerschlößchens unterhalb von Rothenburg, betonten sie den persönlichen Bereich, der unter Umständen auch in den Rahmen des Verteidigungskonzeptes als Zufluchtsort mit einbezogen werden konnte. Schon in der Spätgotik haben Maler wie Michael Wolgemut diesen Typus als bodenständige Eigenart aufgegriffen. Der konservative Grundzug des Reichsstädters hat an diesem Erscheinungsbild bis zum Dreißigjährigen Krieg festgehalten, vergleichbar dem Weiterleben gotisierender Maßwerkgalerien in späteren Bürgerhöfen. Die Herrensitze gehören also, wie besonders in Nürnberg erkennbar, zum Ambiente der Kaiser- und Reichsstadt. Oft waren sie im Innern mit Stuckdecken und reichem Mobiliar ausgestattet.

Eine weitere patrizische Eigenart waren die köstlichen Gärten, die sich vor den Mauern von Nürnberg, vor allem oberhalb der Hallerwiese bis zum Johannisfriedhof hinzogen. Sie wurden zu Erholungsstätten durch die sorgsam gepflegten Naturanlagen. Als „Hesperidengärten“ trugen sie trotz paradiesischer Abgeschiedenheit den Ruhm der Nürnberger Gartenkunst weit über den Stadtbereich hinaus.

Die französisch beeinflußten Gartenkompositionen waren auch mit seltenen exotischen Pflanzen bestückt. So berichtet der mit europäischem Weitblick ausgestattete Johann Christoph Volckamer mit offensichtlicher Freude von den „Citronen-, Pomeranzen- und anderen dergleichen Bäumen, sie glücklich fortzubringen, wohl zu überwintern und nutzbar zu vermehren.“

Biedermeier — Kunst des Vormärz

Die Zeit des Biedermeier, dessen Beginn zeitlich etwa mit der Eingemeindung von Wöhrd, Gostenhof und Johannis im Jahre 1825 zusammenfällt, stand im Zeichen nationaler Selbstbesinnung und patriotischer Aktivitäten.

Die romantische Begeisterung für die deutsche Vergangenheit hält auch die Zuneigung für Nürnberg am Leben. Symptomatisch dafür der Lobpreis des Naturphilosophen Gotthelf Heinrich Schubert. Er nennt Nürnberg in seinen Memoiren die „Ehrfurcht gebietende Gestalt und Würde einer Fürstin unter den Städten des christlichen Europa". Die Unterdrückung liberaler Freiheiten zur Zeit des erzkonservativen Ministers Metternich vermehrt bei den enttäuschten Bürgern die Sehnsucht nach der „guten alten Zeit", läßt sie einen Ausgleich in der Größe künstlerischer Rückerinnerungen finden. Welche Stadt hätte sich dafür als Verehrungsobjekt besser angeboten als die alte Reichsstadt mit ihrer glanzvollen Vergangenheit von Geschichte und Kunst? Sie lebte nicht allein in der kongenialen Historienmalerei auf, sondern berief sich zu ihrer Rechtfertigung direkt auf den Genius Albrecht Dürers. Anläßlich seiner Gedenkfeier 1828 versammelten sich Künstler aus ganz Deutschland an seinem Grab. Die Gründung eines Albrecht-Dürer-Vereins sollte der Grundstein für einen gesamtdeutschen Künstlerbund werden, als dessen Sitz die Stadt Nürnberg vorgesehen war. Damit wäre ihre Stellung als Zentrum romantischer Künstlerverehrung noch gesteigert worden.

Tatsächlich stand Nürnberg damals noch einmal im Brennpunkt der deutschen Kunst. Als Daniel Burgschmiet in seiner Erzgießerwerkstatt das Denkmal für Albrecht Dürer schuf, pries man ihn in „reichischer" Rückschau als „zweiten Peter Vischer". Unter dem Einfluß eines damals in Franken gepflegten Reichspatriotismus kam es um die Jahrhundertmitte zur Gründung des Germanischen Nationalmuseums, wobei die Initiative von Hans Freiherr von Aufsess eine wesentliche Rolle spielte. Und Alexander von Heideloff, in gleicher Weise Architekt und konservierender Denkmalpfleger, begriff in seinen Planungen die gesamte Altstadt Nürnbergs als mittelalterliches „Gesamtkunstwerk".

Ludwig I. schuf dazu wichtige Voraussetzungen, indem er dem Museum die weiträumige, jedoch verfallene und profanierte Kartause überließ. Der sogenannte „Vormärz", die Zeit bis zur Abdankung Ludwigs I. in den Revolutionswirren von 1848, war mit starken politischen Konflikten geladen, die zeitweise sogar zum Ausschluß liberaler fränkischer Abgeordneter aus dem bayerischen Landtag führten. In Nürnberg entlud sich die Mißstimmung in einem kleinen Putsch am 22. März 1832.

Zwischen Säkularisation und Vormärz hatte die ehemalige Reichsstadt im Zeichen einer ungestüm sich entfaltenden Industriekultur herbe Verluste an vergangener Bausubstanz zu beklagen. Glücklicherweise gab es den Maler und Kupferstecher G. Chr. Wilder. Über ihn schrieb das Nürnberger Kunstblatt anläßlich seines Todes 1855: „. . . der ein gutes Stück vom alten Nürnberg mehr gesehen, als wir ohne ihn würden kennengelernt haben. Fast seit dem Anfang dieses Jahrhunderts hatte er es sich zur Aufgabe gemacht, die Denkmäler dieser Stadt, die wegen zu hohen Alters dem Untergang preisgegeben werden mußten, namentlich architektonische Gegenstände, wenigstens in getreuen Abbildungen zu erhalten."

Blick von der Kuppelkirche St. Elisabeth zum Spittlertorturm.

VI. *Nach der Säkularisation 1806*

Folgen der Säkularisation für die Reichsstadt

Der Verlust der Reichsfreiheit brachte Nürnberg u. a. bedauerliche Verluste an Kultursubstanz. Ursprünglich wollte die Stadt 1796 zu Preußen, mußte aber in Anbetracht ihrer großen Verschuldung die Ablehnung von Staatsminister Hardenberg hinnehmen. So kam sie 1806 an das Königreich Bayern. Nicht übersehen werden können die folgenden erheblichen Verluste an Bausubstanz, vor allem durch Kirchen- und Klosterzerstörungen. Am schwersten wiegt hier der Untergang der Augustinerkirche; auch die Komplexe der Dominikaner und der Barfüßer (Franziskaner), einst wichtige Richtmaße im Stadtbild, wurden liquidiert. Auch an Einzelkunstwerken gab es unersetzliche Einbußen, so die Einschmelzung des silbernen spätgotischen Deocarusschreins aus St. Lorenz. Nicht weniger schmerzlich war in der Folgezeit die Abwanderung zahlreicher Kunstwerke nach Bayerns Hauptstadt München, wo sie heute namentlich in der Alten Pinakothek und im Bayerischen Nationalmuseum zu sehen sind. Gelegentlich wurde auch eine Zerschlagung des Reichsstadtbewußtseins versucht, scheiterte jedoch an dem konsequenten Widerstand in patrizischen Kreisen, die noch lange an reichsstädtischen Traditionen festhielten.

Der Nürnberger Stil — die Gotik Alexander von Heideloffs

Der im zweiten Drittel des 19. Jahrhunderts aufkommende Historismus, die neue Nürnberger Gotik unter Alexander von Heideloff, auch Bernhard Solger und August von Essenwein, kann letztlich als ein Versuch, das „reichische" Bewußtsein wenigstens im Baustil festzuhalten, bewertet werden. In die gleiche Richtung zielt zu Beginn des Industrie- und Eisenbahnzeitalters ein Erlaß König Ludwigs I. bezüglich der Errichtung des Nürnberger Staatsbahnhofs. Zur Erhaltung der Stadtmauer ordnete er den Standort vor dem Frauentor an; außerdem verzichtete er auf die von ihm sonst bevorzugte antik-römische Bauweise; vielmehr ordnete er eine Ausführung im Stil der Nürnberger „Neuen Gotik" an, zweifellos eine Reverenz vor Nürnbergs reichsstädtischer Tradition.

Das beginnende *Industriezeitalter* mußte auch beim ersten Eisenbahnbau, der Ludwigsbahn, gleiche Rücksicht nehmen: Der Bahnhof wurde vor dem Spittlertor errichtet. Die ehemalige Hardenberg-Chaussee, die heutige Fürther Straße, diente in Abfolge der Ludwigsbahn bis 1922, der Straßenbahn und seit einigen Jahren der U-Bahn als Verbindungsweg nach Fürth. Der Vorort Gostenhof wurde in die Nürnberger Verkehrsgeschichte des 19. Jahrhunderts

Nürnberg, erster Staatsbahnhof 1854, Architekt Eduard Rüber (Aquarell von Karl Herrle, Verkehrsmuseum Nürnberg).

mit einbezogen, liefen doch hier die Trassen der Ludwigsbahn, des Ludwig-Donau-Main-Kanals und der Staatsbahn nebeneinander her. Um die Verbindung zu den Vororten zu verbessern, wurden in der zweiten Hälfte des 19. Jahrhunderts Tore im neugotischen Stil in die Ringmauer gebrochen. Sie trugen der bayerischen Königsdynastie entlehnte Bezeichnungen, wie Marien- oder Ludwigstor. Daneben setzte sich ein neuer Industriestil durch, der in den Vororten mit den Tendenzen der Gründerzeit konform ging. Der damalige Fabrikbau nahm nun originelle historizierende Züge an. Gleichzeitig dachte man jedoch an die Niederlegung der historischen Stadtmauer, um eine Ringstraße nach Wiener Boulevard-Muster zu errichten. Aber auch in der zweiten Jahrhunderthälfte meldete sich gelegentlich die „reichische" Tradition zu Wort. Man denke etwa an das seinerzeit neuerbaute Gaswerk am Plärrer und die benachbarte Fabrikantenvilla Spreng! Hier war ein heute im Germanischen Nationalmuseum befindliches allegorisches Glasgemälde von Wanderer und Kellner geschaffen worden, das besonders die „Segnungen des Gaslichts" verherrlichte. Die hier dargestellte Allegorie der „Noris" trug keine reichsstädtischen Insignien mehr, sondern hielt das Modell einer Lokomotive in der Hand. Der neue Impetus der ehemaligen Reichsstadt bekundet sich in dieser technikbezogenen Ikonographie.

Karl Alexander Heideloff, Hauptmarkt 26. Fassade für Kaufmann Joh. David Wiß, 1854.

Das Zeitalter der Fabriken

Die nationale Enttäuschung über die politischen Rückschläge ließ die begüterten Kaufleute und Fabrikanten, die in erster Linie die Gemeindeverwaltungen trugen, ein anderes Ventil für ihre Aktivitäten finden: Wirtschaft und Handel. Damit stand die ehemalige Reichsstadt an der Wende ihrer mittelalterlichen Vergangenheit. Mit dem

Jahr 1835, der Inbetriebsetzung der Ludwigseisenbahn, setzte in Nürnberg die „Industrielle Revolution" ein. Die Eisenbahn wurde zum Symbol des dynamischen Fortschritts schlechthin. In ihrem Sog entstanden bis zur Jahrhundertmitte in Nürnberg über 50 Fabriken, die zunächst im Bereich der Textilindustrie, dann aber immer mehr in der traditionsreichen Metallverarbeitung florierten. Wer denkt hier nicht an die Maschinenwerkstatt des erfindungsreichen Johann Wilhelm Spaeth am Dutzendteich, der vor allem für Kanalbau und Eisenbahn neue technische Zurüstungen erfand, und bei dem beispielsweise die in vielen Einzelteilen transportierte Lokomotive „Adler", die erste ihrer Art in Nürnberg, geschickt zusammengesetzt wurde? Wer erinnert sich nicht der Maschinenfabrik (Cramer-) Klett, aus der schließlich die MAN hervorgehen sollte? Auch auf chemischem Gebiet reussierte Nürnberg, am meisten mit der hochangesehenen Zeltnerschen Ultramarinfabrik, die aus Lauf zugezogen war. Ungeachtet dieser industriellen Hausse blieb der handwerkliche Grundzug Nürnbergs noch lange erhalten. Ein völliger Bruch mit der Vergangenheit konnte noch geraume Zeit in der gewerblichen Produktion vermieden werden. Der Nürnberger Arbeiterdichter Karl Böger hat die neue Situation in Versen festgehalten;

„Jauchzt die Esse steil aus rauchgeschwärzter Luft,
tönt der Kirchturm Antwort
aus seinem marienseligen Himmelsduft,
Dome, Kapellen, für Beter gewölbtes Schiff,
Bahnhofshallen, Fabriken, von Arbeit durchstampft,
durchgellt von Sirenenpfiff —
ihre Gesänge münden aus Duft und Weihrauch,
aus Dunst und beißendem Qualm.
Alle in einem riesenstimmigen Lebenspsalm."

Für den Handel brachte der Deutsche Zollverein 1834 den für eine neue Zukunft entscheidenden Durchbruch. Bald gab es in Nürnberg rund 100 Handelshäuser, eine wirtschaftliche Machtballung, die sich im Zusammenwirken mit der Nachbarstadt Fürth noch erheblich steigerte. Doch Industrie und Fernhandel verlangten neue, rationellere Verkehrswege, vor allem zu den Absatzgebieten in Mitteldeutschland und Sachsen. Diese Fakten lösten ein regelrechtes „Eisenbahngründungsfieber" aus, ja — nach den Worten Klenzes — „ergriff alle Welt eine ungeheuere Eisenbahnlust". Als weitere Folge trat eine Wandlung des Stadtbilds sowohl in der Altstadt wie in den rasch emporschießenden Vorstädten ein. Außerdem wurde dem „Fortschritt" in dem Bayerischen Gewerbemuseum ein Denkmal gesetzt.

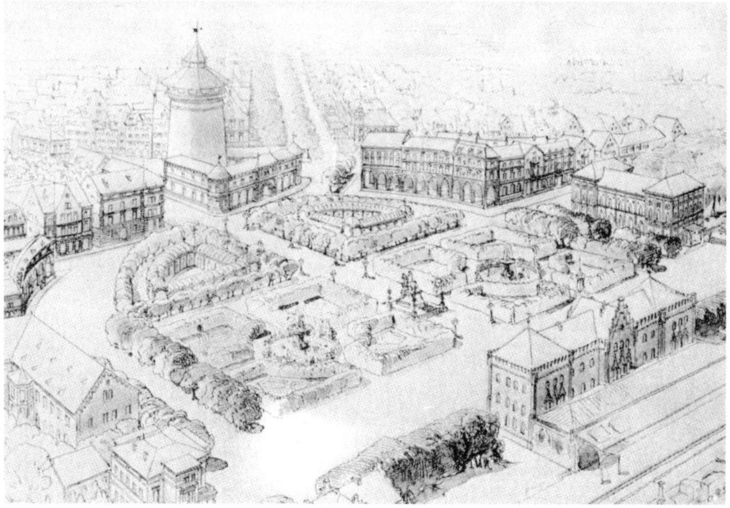

A. Gnauth, Projekt „Bahnhofsplatz", 1879.

Baukunst im 20. Jahrhundert

Nach der Jahrhundertwende setzte in Nürnberg ein starker wirtschaftlicher Aufstieg ein. 1905 entstand der neue Centralbahnhof; seine mächtigen Dimensionen und ein neugestalteter Bahnhofsplatz, beides Schöpfungen, die ernste Konkurrenz zur Stadtmauer aufkommen ließen. Der Geist der Neuzeit fand seine Krönung im Stil eines Festsaals im Bahnhofsgebäude, für den der damalige Meister des Jugendstils in Deutschland, Bruno Paul, verantwortlich zeichnete. Nach guter Renovierung präsentiert er sich heute weitgehend im ursprünglichen Erscheinungsbild. Der Siegeszug des Jugendstils war hauptsächlich im Außenbereich der Stadtmauer nicht mehr aufzuhalten, insbesondere am Prinzregentenufer, in der Theodorstraße und im Stadtteil Ebensee. Am Schluß dieser Entwicklung steht der reizvolle Pomonabrunnen von Professor Kittler, der während des Ersten Weltkrieges entstand, für das Wasserwerk am Schmausenbuck bestimmt war und heute den Platz vor dem Gaswerk in Sandreuth ziert.

Als Nachfolger des Jugendstils kann der neue „Heimatstil" in geschlossenen Stadtvierteln angesehen werden. Dazu gehören die der Gartenstadtbewegung angegliederten Siedlungen Werderau, Rangierbahnhof und Loher Moos. Schmerzliche Verluste von Bauwerken aus der Gegenwart bedeuten zum Beispiel die jüngste Zerstörung des den Stadtteil Schweinau prägenden Fabrikgebäudes der Vereinigten Deutschen Metallwerke, das einem nüchternen architektonisch gesichtslosen Handwerkermarkt weichen mußte. Auch die Bärsche Lebkuchenfabrik in der Holzschuherstraße gehört unter anderem in diese Verlustliste, ebenso der einen ganzen Stadtteil kennzeichnende Gaskessel in Sandreuth.

Moderne Tendenzen nach dem Ersten Weltkrieg

Nach dem Ersten Weltkrieg entstand in Nürnberg eine Reihe zunächst nicht unumstrittener Architekturschöpfungen wie etwa das Kaufhaus Schocken im Stadtteil Steinbühl. Ein Relikt aus jenen Tagen ist die heute noch erhaltene Ehrenhalle im Luitpoldhain, während die übrigen Gebäude der Bayerischen Landesausstellung von 1905 verschwunden sind.

Nürnbergs fruchtbarste Bauzeit lag zwischen 1925 bis 1935. Dies war nicht zuletzt das Verdienst des ehemaligen Oberbürgermeisters Dr. Luppe. Der begabteste Architekt dieser Jahre war wohl Otto Ernst Schweitzer. Er hat das Bild Nürnbergs mehrfach durch bedeutende Neubauten aufgewertet. Dazu gehörte der damals modernste Milchhof Europas und besonders das Stadion, das erst in letzter Zeit einer heutigen Ansprüchen gerecht werdenden Umgestaltung zugeführt wurde. Im bereits erwähnten genialen Klinkerbau des Planetariums wendete Schweitzer mit außerordentlichem Geschick die neue Bauweise an, ohne dadurch eine Dissonanz zur nahen Stadtmauer hervorzurufen, obwohl diese moderne Bauart eindeutig zur Industriearchitektur tendierte. Die Zerstörung durch das Dritte Reich muß als absurd bezeichnet werden. In der Zeit moderner Fertigungsmethoden entstanden solch richtungsweisende Fabrikensembles wie das der Vereinigten Margarinewerke und der Firma Neumeyer in Schafhof. Auf kirchlichem Sektor hat German Bestelmeyer neue Wege mit archaisierenden Tendenzen beschritten. Mit der Friedenskirche (1925 — 1928) und der Gustav-Adolfkirche (1927 — 1930) hat er städtebaulich beeindruckende Wirkungen erzielt. War in diesen Bauten, wie auch in der Ludwigskirche samt Zweiturmtradition, die monumentale nürnbergische Bauweise von Otto Schulz (1923 — 1926) der „Großen Form" als Orientierung eingebracht worden, so bricht die Reformationsgedächtniskirche beim Stadtpark von Otto Danner (1935 — 1938) aus diesem Gesetz aus und geht überraschend völlig neue Wege. Grundriß und Aufriß betonen mit der den Stadtteil Maxfeld beherrschenden Dreiturmstellung die Idee der Heiligen Trinität. Die Uridee liegt im katholischen Kirchenbau, vor allem in der barocken Wallfahrtskirche Kappel bei Waldsassen, die 1685 — 1689 von Georg Dientzenhofer als originelle Schöpfung vor dem Hintergrund der Europa bedrohenden Türkenkriege entstanden war. Das Nürnberger Beispiel orientiert sich in seiner Strenge an den andersartigen Gesetzen des protestantischen Kultus. Der Gesamterscheinung liegt der Gedanke zugrunde: „Ein feste Burg ist unser Gott".

Die Bauten des Dritten Reiches

Gegen die Bauten des Dritten Reiches bestanden lange Zeit und bestehen heute noch ausgeprägte Aversionen. In erster Linie sind sie aus politischen Gründen umstritten. Wie viele Architekturen der Vergangenheit, angefangen vom Altertum über Antike und Mittelalter, hätten heute noch eine Überlebenschance, wenn sie lediglich nach ethischen Gesichtspunkten beurteilt würden? Ihre Erhaltung als Geschichtszeugnisse und als Warnung vor Hybris und Diktatur hat historischen Stellenwert. Unter diesem Gesichtspunkt sollte die Erhaltung des Reichsparteitagsgeländes mit dem Zeppelinfeld und dem Märzfeld befürwortet werden. Und aussagekräftig für das überzogene „Cäsarenerlebnis“ jener Tage bleibt das Treppenerlebnis mit seinem kalkulierten Höhepunkt beim Austritt auf die Haupttribüne vor der menschengefüllten Arena. Und sicher war es ein bewußter Achsenbezug auf die „reichische“ Tradition, wenn dabei das Stadtbild mit der Burgsilhouette miteinbezogen wurde, freilich unter Mißachtung der hohen Maßstäbe, die gerade die reichsstädtische Vergangenheit in Nürnberg gesetzt hatte. Was könnte die hypertrophe Gigantomanie des Dritten Reiches besser demonstrieren als die Kongreßhalle am Dutzendteich? Ohne Bauzeugnisse solcher Machtballungen kann eine kritische Auseinandersetzung kaum objektiv durchgeführt werden. Allerdings wird man denkmalpflegerische Aufwendungen nicht empfehlen. Eine Ausnahme könnte der „Goldene Saal“ im Restbestand des Zeppelinfelds als Beispiel der Raumgestaltung des Dritten Reiches erlauben. Die grauenhafte Zerstörung im Zweiten Weltkrieg von Nürnbergs Kulturbestand forderte unerhörte menschliche wie materielle Opfer. Die fast völlige Vernichtung der Altstadt schuf ein deutsches „Pompeji“. Insofern bedeutet die Tätigkeit der „Nürnberger Altstadtfreunde“ beim Wiederaufbau und ihre Rettung mancher Kostbarkeit einen erneuten Anschluß an die „reichische Tradition“.

Moderne Architektur nach dem Zweiten Weltkrieg

Auch die neueste Zeit leistete einige interessante Beiträge, die geeignet sind, die einstige Bauhaus-Industriebauweise unter Gropius mit neuen Akzenten wieder aufzugreifen. In erster Linie wären hier zu nennen das ebenso kühne wie geglückte Fabrikgebäude der Alcan-Werke in der Kombination von Glas und Stahl, Ecke Nopitsch-/Industriestraße oder die neuen sehr gut durchgliederten Gebäude der Firma Schwan-Stabilo in der Pirckheimerstraße, nicht zuletzt das umgestaltete Heizwerk in Sandreuth von Architekt Albin Hennig mit seinen eigenwilligen Bauformen, das den Anfang einer neuen Industriearchitektur bedeuten könnte. Erinnert sei an die früheren Bauten eines German Bestelmeyer, von dem sich eine positive Linie bis zu den Bauten von Sep Ruf (Germanisches Nationalmuseum, Staatsbank) ziehen läßt. Dagegen erscheinen andere Großbauten allzu massiv und brutal gegenüber der immer noch erkennbaren differenzierten Struktur der Altstadt, etwa das Scharrergymnasium am Paniersplatz, die Neubauten der Universität in der Langen Gasse, die Dresdner Bank am Obstmarkt. Neben Unersetzlichem und weniger Geglücktem steht mit neuem Anspruch das Gerettete und Wiederaufgebaute. Sicher wird man moderner Bauweise nicht grundsätzlich ablehnend gegenüberstehen. Doch besteht eine andere Relation innerhalb der Ringmauern. Die Altstadt eignet sich nicht als uneingeschränktes Experimentierfeld für moderne Architektur, weil ihre differenzierten Maßstäbe seit langem vorgegeben sind. Bauten des 20. Jahrhunderts haben hier nur dann ein Lebensrecht, wenn sie nicht als reine „Prothesen“ den historisch gewachsenen Stadtorganismus lähmen, sondern sich als integrierende Ergänzungen überzeugend einfügen.

Der neue Rathaussaal — ein Problem der gegenwärtigen Denkmalpflege

Nach dem Krieg wurde die Denkmalpflege vor große Probleme gestellt. Die meisten Diskussionen löste die Frage der Wiederherstellung des Festsaales im alten Rathaus aus. Er hatte im letzten Krieg ganz erhebliche Schäden in Kauf nehmen müssen. Nach der durch die Zerstörung erzwungenen Purifizierung kam die Raumgewalt des 14. Jahrhunderts so stark zur Geltung, daß man sogar einen Rückgriff auf die erste Gestaltung des ausgehenden Hochmittelalters erwog. Bei allem Respekt vor der damaligen Raumschöpfung noch vor der Zeit Karls IV., mußte man doch von einer Ausmalung des Saales ausgehen. Dafür gab es jedoch ebenso wenig Anhaltspunkte wie für die durch Albrecht Dürer überlieferte Ausmalung. Als einziges Zeugnis blieb die durch Fotos fixierte Ausmalung nach 1900, die aber künstlerisch nicht bedeutsam genug erschien, um ihre Rekonstruktion auch nur zu versuchen. So bot sich als Alternative eine Ausmalung durch moderne Maler an, die freilich angesichts einer der großartigsten

Profanräume des 14. Jahrhunderts, höchste Anforderungen ohne halbherzige Kompromisse stellen müßte. Weiter vorangekommen ist man mit dem gewaltigen Halbtongewölbe, das dem Raum nach 1500 seine mittelalterliche Strenge nahm, dafür aber den Versammlungssaal reichischer Repräsentation stärker herausarbeitete. Das zur Artikulation erforderliche, im 19. Jahrundert verschwundene Abschluß-Gitter der Vischerschen Gießhütte wurde im Modell erstellt, um alle Relationen des Gesamtraums besser abklären zu können.

Aufgaben der Denkmalpflege bedeuten immer wieder eine Herausforderung und zugleich ein Messen an den Maßstäben reichsstädtischer Vergangenheit. Alle Anstrengungen um Nürnberg — auch in anderen Fällen — müssen dem hochgesteckten Ziel als europäische Kulturstadt entsprechen und sind nur aus dieser Perspektive zu rechtfertigen.

Auch in Zukunft sollte Nürnberg bestehen, wenn es den Schritt von der Tradition zum Fortschritt ähnlich überzeugend wie frühere Generationen zu vollführen lernt.

Ernst Eichhorn

Altstadtblick vom Viktoriahaus (Bahnhofsplatz) zur Burg, 1978.

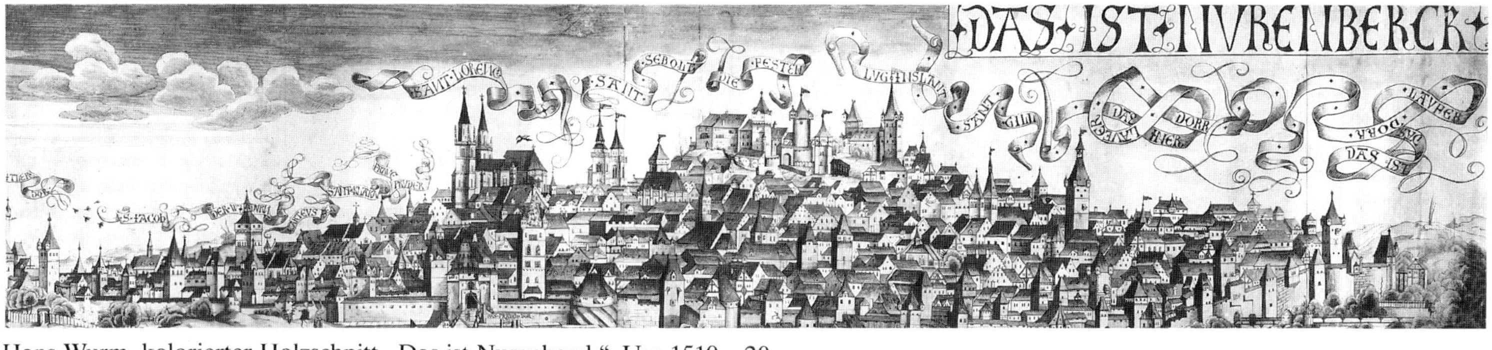

Hans Wurm, kolorierter Holzschnitt „Das ist Nurenberck“. Um 1510—20.

Quellennachweis — Literatur (Auswahl)

Arens, V.: Die staufische Burg in Nürnberg — Jahrbuch für fränkische Landesforschung, Bd. 46/1986, S. 1 ff.

Aufsess, H. M. v.: Dürers fränkisches Erbe — Nürnberg 1984.

Aus sieben Jahrhunderten Nürnberger Stadtgeschichte. Ausgewählte Aufsätze von Gerhard Hirschmann. Im Auftrag des Vereins für Geschichte der Stadt Nürnberg, hrsg. von Kuno Ulshöfer — Nürnberger Forschungen, Bd. 25, 1988.

Ausstellungskatalog: Nürnberg 1300 — 1550, Kunst der Gotik und Renaissance — (Germanisches Nationalmuseum Nürnberg), München 1986.

Bachmann, F.: Die alte deutsche Stadt. Ein Bilderatlas der Städteansichten bis zum Ende des 30jährigen Krieges — Bd. II, 1: Bayern. Leipzig 1942.

Bandmann, G.: „Doppelkapelle — Doppelkirche" — RDK (Reallexikon zur Deutschen Kunstgeschichte) III, Sp. 196 ff.

Bauer, H., Hirschmann, G., Stolz, G.: 500 Jahre Hallenchor St. Lorenz zu Nürnberg 1477 — 1977 — Nürnberger Forschungen, Bd. 20, Nürnberg 1977.

Bauer, H., Stolz, G.: Engelsgruß und Sakramentshaus in St. Lorenz zu Nürnberg — Königstein/Taunus 1974.

Beck, H., u. a.: Nürnberg im Luftbild — Nürnberg 1987.

Beck, H., Eichhorn, E.: Flug über Mittelfranken — Nürnberg 1982 (1. Auflage) — (2. verbesserte Auflage erscheint voraussichtlich noch 1988.)

Bier, J.: Das alte Nürnberg in Anlage und Aufbau — Nürnberg 1926.

Borst, A.: Die Sebalduslegenden in der mittelalterlichen Geschichte Nürnbergs — Jahrbuch für fränkische Landesforschung, Bd. 26/1966, S. 19 ff.

Borst, O.: Reichsstadtgeschichte. Ein Forschungsbericht — „Die Alte Stadt", Jg. 1985, S. 91 ff.

Bosl, K.: Die Reichsstadt in Franken und Schwaben — „Schönere Heimat" 1985, S. 89 ff., 165 ff.

Brandl, R.: Zwischen Kunst und Handwerk — Kunst und Künstler im mittelalterlichen Nürnberg — Ausstellungskatalog „Nürnberg 1300 — 1550", 1986, S. 51 ff.

Bräutigam, G.: Nürnberg als Kaiserstadt — Seibt, F.: Karl IV, München 1978, S. 339 ff.

Bräutigam, G.: Gmund — Prag — Nürnberg — Jahrbuch der Berliner Museen NF 3/1961, S. 38 ff.

Bräutigam, G.: Die Nürnberger Frauenkirche. Idee und Herkunft ihrer Architektur — Festschrift für Peter Metz, Berlin 1965, S. 170 ff.

Bräutigam, G.: Die bildende Kunst zur Zeit der Luxemburger-Pfeiffer, Nürnberg, München 1971, S. 166 ff.

Buck, A.: Enea Silvio Piccolomini und Nürnberg — „Festschrift zum 500. Geburtstag Albrecht Dürers", Nürnberg 1971, S. 20 ff.

Buhl, W. (Hrsg.): Fränkische Reichsstädte — Würzburg 1987.

Centrum Industriekultur (Hrsg.): Nürnberg 1865 — 1909. Photographien von Ferdinand Schmidt — München 1987.

Dangel, R.: Freie Reichsstädte anno dazumal — Stuttgart 1965.

Dehio, G.: Handbuch der Deutschen Kunstdenkmäler, Bayern I: Franken — München/Berlin 1979, S. 541 ff.

Deneke, B., Kahsnitz, R., (Hrsg.): Das Germanische Nationalmuseum Nürnberg 1852—1977. Beiträge zu seiner Geschichte — München/Berlin 1978.

Eichhorn, E.: Zur Nürnberger Plastik der Spätgotik (Festschrift zum 65. Geburtstag von Rudolf Kömstedt) — „Das Münster", Jg. 1952, Heft 9—10, S. 277 ff.

Eichhorn, E.: Frauenkirche Nürnberg (Kirchenführer) — München 1955.

Eichhorn, E.: Die Kunst des Fränkischen Raumes — Scherzer C. (Hrsg.), Franken Bd. II, Nürnberg 1959, S. 259—324.

Eichhorn, E.: Fränkische Kunst in der Alten Pinakothek München — Fränkische Kunstschätze in Bayerns Hauptstadt (Sonderheft „Frankenland"), NF Jg. 15, Heft 8/9, Würzburg 1963, S. 3 ff.

Eichhorn, E.: Der Deocarusaltar in der St. Lorenzkirche zu Nürnberg — Mitteilungsblatt des Vereins zur Wiederherstellung der Lorenzkirche, NF Nr. 10 (10. Mai 1969).

Eichhorn, E.: Kunst der Kaiserzeit und frühen Bürgerzeit in Nürnberg — Pfeiffer, G., Nürnberg — Geschichte einer europäischen Stadt, Nürnberg 1971, S. 62 ff.

Eichhorn, E.: Der Sebalder Engelschor — ein Beitrag zur mittelalterlichen Sakralarchitektur Nürnbergs — Festschrift „Sechshundert Jahre Ostchor St. Sebald", Nürnberg 1977, S. 94 ff.

Eichhorn, E.: Karl IV. in Franken und Böhmen — Wechselbeziehungen im Herzen Europas — „Frankenland", Jg. 30, Heft 10, Würzburg 1978, S. 269 ff.

Eichhorn, E.: Karl IV. als kaiserlicher Auftraggeber — „Schönere Heimat" (Zeitschrift des Bayerischen Landesvereins für Heimatpflege), Jg. 67, Heft 3, München 1978, S. 547 ff.

Eichhorn, E.: Blindenheilung und Brillendarstellung als Motive der bildenden Kunst — Festschrift der neuen Blindenanstalt Nürnberg, Forchheim 1978, S. 33 ff.

Eichhorn, E.: Vom Meßbaren im Antlitz Nürnbergs — „Baukultur" 1980/Heft 3 (Mai—Juni), S. 2 ff.

Eichhorn, E.: Mittelfranken als historische Verkehrsdrehscheibe — Mittelfranken — der Bezirk, Ansbach 1984, S. 81 ff.

Eichhorn, E.: „Eilen wir uns, Süddeutschland den Ruhm der ersten Eisenbahn zu sichern!" Frankens Beitrag zur frühen Eisenbahngeschichte Bayerns — „Schönere Heimat" 1985/Heft 3, München 1978, S. 149 ff.

Eichhorn, E.: Oberpfalz und Franken als Kultur- und Montanlandschaft — „Die Oberpfalz ein europäisches Eisenzentrum", Bergbau- und Industriemuseum Ostbayern Bd. 12/1, Theuern 1987, S. 451 ff.

Eichhorn, E.: Von der Bauhütte zur Eisenbahn. Zur kulturgeschichtlichen Bedeutung der Technikgeschichte — Industrie- und Technikgeschichte der Oberpfalz (Arbeitstagung Theuern), 19. Oktober 1985. Oberpfälzer Kulturbund Heft 4. Kallmünz (1986), S. 21 ff.

Eichhorn, E.: Die St. Lorenzkirche in Nürnberg — Nürnberg 1987 (7. Aufl.)

Eichhorn, E.: Fränkische Reichsstädte, ihre städtebauliche und kulturgeschichtliche Leistung — W. Buhl, Frk. Reichsstädte, Würzburg 1987, S. 15 ff.

Eichhorn, E.: Fränkische Reichsstädte und ihre kulturgeschichtliche Eigenart — Aufsatzband II, Reichsstädte in Franken, München 1987, S. 343 ff.

Eichhorn, E.: Das Gesamtkunstwerk Reichsstadt. Nürnberg und Rothenburg — ihre Bedeutung für den Reichsstadtbegriff in Franken (Stadttopographie — Stadtbefestigung — Reichsstadtkunst) — Aufsatzband II, Reichsstädte in Franken, München 1987, S. 322 ff.

Eichhorn, E.: Die reichsstädtische Befestigung als Kunstwerk und Rechtsdenkmal — „Frankenland" 1988, S. 260 ff.

Eichhorn, E.: Die Reichsstadt als fränkische Sonderleistung — Zur Frage einer Reichsstadtkunst — „Frankenland" 1988, S. 184 ff.

Eichhorn, E.: Die Wülzburg — Zitadelle zwischen fränkischen Territorien — „Frankenland" 1988/Heft 4, S. 96 ff.

Eichhorn, E.: Die Ölberggruppe an der ehemaligen Pilgerhospitalkirche Heilig-Kreuz in Nürnberg — „Bürgerverein St. Johannis", Jg. 23/1988, S. 7 ff.

Eichhorn, E.: Balthasar Neumanns Architekturwerk und das Erbe der Baumeisterfamilie Dientzenhofer — Altnürnberger Landschaft, Sonderheft 1987 (Nr. 34), Nürnberg 1987.

Eichhorn, E.: Kultur des Industriezeitalters. Historische Voraussetzungen im vorindustriellen Zeitalter — Mittelfranken — der Bezirk, Ansbach 1984, S. 292 ff.

Eichhorn, E.: Tradition und Fortschritt in Nürnbergs Kulturgeschichte. Nürnberg 1969 (Manuskript).

Eichhorn, E.: Beiträge über Hans Beheim und Johann Carl in C. v. Imhoff, Berühmte Nürnberger.

Eichhorn, E.: Hans Beheim, Nürnbergs Stadtbaumeister der Dürerzeit. In Vorbereitung. Erscheint 1989.

Eichhorn, E., Schultheiß, W.: Nürnberg — Florenz des Nordens — Nürnberg 1982 (4. erweiterte Auflage).

Eichhorn, E.: Der Stadtteil Gostenhof und seine Bedeutung in Nürnbergs Verkehrsgeschichte (Sonderheft Frankenbund), Lauf a. d. Pegnitz 1987.

Eichhorn, E.: Unrühmliches Ende eines Industriedenkmals (Vereinigte Deutsche Metallwerke Nürnberg) — „Schönere Heimat", Jg. 75/1986, S. 315.

Eichhorn, E.: Das Schicksal des Bayerischen Gewerbemuseums in Nürnberg — „Schönere Heimat", Jg. 76/1987, S. 169.

Fehring, G. P., Ress, A.: Die Stadt Nürnberg, 2. Aufl. bearb. von W. Schwemmer — Bayerische Kunstdenkmale, Bd. X, München 1977.

Festschrift: Zum 500. Geburtstag Albrecht Dürers: Albrecht Dürers Umwelt — Nürnberger Forschungen, Bd. 15, Nürnberg 1971.

„Frankenland": Beiträge zum Reichsstadt-Seminar des Frankenbundes in Schney (Oktober 1987) — „Frankenland", Jg. 1988, Doppelheft 6 (Juli).

Franzke, J. u. a.: Räder im Fluß. Die Geschichte der Nürnberger Mühlen — Centrum Industriekultur, Nürnberg 1986.

Freitag-Stadler, R.: Herrensitze im Bereich der Reichsstadt Nürnberg — Erlanger Diss. 1972.

Frenzel, G.: Kaiserliche Fensterstiftungen des Vierzehnten Jahrhunderts in Nürnberg — Mitteilungen des Vereins für Geschichte der Stadt Nürnberg, Bd. 51/1962, S. 1 ff.

Frenzel, G., Ulrich, E.: Die Westrose von St. Lorenz — Mitteilungsblatt des Vereins zur Erhaltung der Lorenzkirche, NF 19, Nürnberg 1977, S. 4 ff.

Frenzel, G.: St. Lorenz/Nürnberg — Berühmte Glasmalereien in Europa, Augsburg 1968.

Genicot, M. F.: Der Kirchenbau und seine liturgische Funktion — Katalog „Rhein und Maas“, Köln 1972, S. 127 ff.

Glaser, H. u. a.: Industriekultur in Nürnberg — Mannheim 1980.

Glossner, O., Hahn, J.: Der St. Johannisfriedhof zu Nürnberg — Nürnberg (1968); s. a. „Große Baudenkmäler“ Heft 216. München 1968.

Götz, N.: Um Neugotik und Nürnberger Stil. Studien zum Problem der künstlerischen Vergangenheitsrezeption im Nürnberg des 19. Jahrhunderts — Nürnberger Forschungen, Bd. 23, Nürnberg 1981.

Grisebach, A.: Die alte deutsche Stadt in ihrer Stammeseigenart — Berlin 1930.

Grote, A.: Der vollkommene Architectus, Baumeister und Baubetrieb bis zum Anfang der Neuzeit — Bibliothek des Germanischen Nationalmuseums, Bd. 13, München 1959.

Grote, L.: „Hier bin ich ein Herr“ — Dürer in Venedig — Bibliothek des Germanischen Nationalmuseums Nürnberg, Bd. 2—3, München 1956.

Grote, L.: Die romantische Entdeckung Nürnbergs — Bibliothek des Germanischen Nationalmuseums, Bd. 28, München 1967.

Haller, H. Frh. v., Eichhorn, E.: Das Pilgrimspital zum Heiligen Kreuz vor Nürnberg — Nürnberger Forschungen, Bd. 12, Nürnberg 1969, bes. S. 60 ff.

Hamm, B.: Reichsstädtischer Humanismus und Reformation in Franken — „Frankenland“ 1988, S. 248 ff.

Häussler, H.: Brunnen, Denkmale und Freiplastiken in Nürnberg — Nürnberg 1977.

Häussler, H.: Nürnberger Hausmadonnen und Figuren — (Jubiläumsgabe der Volksbank Nürnberg), Nürnberg, o. J.

Heuchel, A.: Städtischer Wehrbau in Süddeutschland während Renaissance und Frühbarock — Würzburg 1940.

Hofmann, H. H.: Die Nürnberger Stadtmauer — Nürnberg 1967.

Imhoff, Ch. v. (Hrsg.): Berühmte Nürnberger aus neun Jahrhunderten — Nürnberg 1984.

Jacob, F.-D.: Historische Stadtansichten. Entwicklungsgeschichtliche und quellenkundliche Momente — Leipzig 1982.

Kahsnitz, R.: Skulptur in Stein, Ton und Holz — Ausstellungskatalog „Nürnberg 1300—1550“, 1986, S. 61 ff.

Kriegbaum, F.: Nürnberg (Deutsche Lande — deutsche Kunst) — München/Berlin 1937 (1. Auflage), 1961 (5. Auflage, überarbeitet v. Th. Müller).

Krüger, E.: Die Kaiserempore im Michaelsmünster (in Schwäbisch Hall) — „Schwäbische Heimat“, 1965/Nr. 7, S. 83 ff.

Kusch, E.: Nürnberg. Das unvergängliche Antlitz einer Stadt — Nürnberg 1947.

Kusch, E.: Nürnbergischer Schatzbehälter. Kunstwerke des alten Nürnberg, Nürnberg 1966.

Legner, A. (Hrsg.): Die Parler und der Schöne Stil 1350—1400 — Europäische Kunst unter den Luxemburgern (Bd. 1), Köln 1978.

Lexer, M.: Endres Tuchers Baumeisterbuch der Stadt Nürnberg (1464—1475) — Bibliothek des literarischen Vereins in Stuttgart, Bd. XI, Stuttgart 1862 (Neudruck Amsterdam 1968).

Lübbeke, H. W.: Mittelfranken (Denkmäler in Bayern, Bd. V) — Hrsg. Bayer. Landesamt für Denkmalpflege, München 1986.

Lutze, E.: Die Nürnberger Pfarrkirchen St. Sebald und St. Lorenz — Berlin 1939.

Lutze, E.: Hans Beheim d. Ä. — Zeitschrift des Deutschen Vereins für Kunstwissenschaft Jg. 10/1943, S. 55 ff.

Lutze, E.: Einst im alten Nürnberg. Sechs Jahrhunderte Kultur und Leben in zeitgenössischen Bildern und Dokumenten — Stuttgart 1939.

Martin, K.: Die Nürnberger Steinplastik im 14. Jahrhundert, Berlin 1927.

Maué, H.: Nürnberg — Stadtbild und Baukunst — Ausstellungskatalog „Nürnberg 1300—1550“, 1986, S. 27 ff.

Mende, M.: Das alte Nürnberger Rathaus. Baugeschichte und Ausstattung des großen Saales und der Ratsstube — Band I, Nürnberg 1979.

Mende, M., Schwemmer, W.: Georg Christoph Wilder. Ein Nürnberger Zeichner des 19. Jahrhunderts — Nürnberg 1986.

Müller, A.: Geschichte der Juden in Nürnberg 1146—1945 — Nürnberg 1968.

Müller, R. A. (Hrsg.): Reichsstädte in Franken — 2 Aufsatzbände anläßl. der Reichsstadtausstellung 1987.

Müller, R. A., Buberl, B.: Reichsstädte in Franken — Ausstellungskatalog, München 1987.

Müller, Th.: Fragmente zur Geschichte der frühen gotischen Plastik in Franken — Zeitschrift für Kunstwissenschaft 1948, S. 31 ff.

Mulzer, E.: Geographische Gedanken zur mittelalterlichen Entwicklung Nürnbergs — Mitteilungen der Fränkischen Geographischen Gesellschaft, Bd. 10/1963, S. 237 ff.

Mulzer, E.: Nürnberger Erker und Chörlein — Nürnberg 1965.

Mulzer, E.: Der Nürnberger Fachwerkbau — Mitteilungen des Vereins für Geschichte der Stadt Nürnberg, Bd. 55/1967—68.

Mulzer, E.: Nürnbergs Stadtkern: Zugleich City und Altstadt — Topographischer-Atlas Bayern, München 1968, S. 110 f.

Mulzer, E.: Giebelmännlein, Schlöte, Hahnenkämme und andere Einzelheiten der Nürnberger Dacharchitektur — Mitteilungen des Vereins für Geschichte der Stadt Nürnberg, Bd. 56/1969.

Mulzer, E.: Der Wiederaufbau der Altstadt von Nürnberg 1945—1970 — Erlanger Geographische Arbeiten, Bd. 31, Erlangen 1972.

Mulzer, E.: Nürnberg — hundert Bilder und hundertmal Geschichte — Nürnberg 1974 (2. Aufl.).

Mulzer, E.: Die Nürnberger Altstadt. Das architektonische Gesicht eines Großstadtkerns — Nürnberg 1976.

Mummenhoff, E.: Aufsätze und Vorträge zur Nürnberger Ortsgeschichte — Nürnberg 1931.

Nürnberg: Nürnberger Gestalten aus neun Jahrhunderten — (Hrsg. G. Pfeiffer). Nürnberg 1950.

Pfeiffer, G.: Studien zur Geschichte der Pfalz in Nürnberg — Jahrbuch für fränkische Landesforschung, Bd. 1959, S. 303 ff.

Pfeiffer, G.: Nürnberg — Geschichte einer europäischen Stadt — Text- und Tafelband, München 1971.

Pfistermeister, W.: Nürnberg. Zauber einer unvergänglichen Stadt in Farbbildern und alten Stichen — Nürnberg 1975.

Pilz, K.: Der Totenschild in Nürnberg und seine deutschen Vorstufen — Anzeiger des Germanischen Nationalmuseums, 1936/39, S. 57 ff.

Reallexikon zur deutschen Kunstgeschichte — Bd. V, Spalte 314, Sichwort „Emporen" (K. Pilz), Stuttgart 1960.

Reitzenstein, A. v.: Fränkische Kunstgeschichte — Festschrift zum 60. Geburtstag von Wilhelm Pinder, Leipzig 1938.

Reitzenstein, A. v.: Franken — München 1955.

Reitzenstein, A. v., Brunner, H.: Bayern Nord: Franken — Oberpfalz (Reclams Kunstführer, Deutschland, Band I, 2), Stuttgart 1983 (9. Auflage), S. 310 ff.

Sayn-Wittgenstein, F. v.: Reichsstädte — München 1965.

Schmidt, G.: Peter Parler und Heinrich IV Parler als Bildhauer — Wiener Jahrbuch für Kunstgeschichte XXIII/1970, S. 8 ff.

Schmidt, R.: Deutsche Reichsstädte — München 1957.

Schnelbögl, F.: Der Kaiser in Nürnberg — Ausstellungskatalog, Nürnberg 1962.

Schnelbögl, F.: Topographische Entwicklung Nürnbergs — Pfeiffer, G.: Nürnberg, 1971, S. 54 ff.

Schrader, E.: Das Befestigungsrecht in Deutschland von den Anfängen bis zum Beginn des 14. Jahrhunderts — Göttinger Diss., 1909.

Schürer, O.: Romanische Doppelkapellen — Marburg 1929.

Schultheiß, W.: Kleine Geschichte Nürnbergs — Nürnberg 1987, 2. Auflage, hrsg. v. Gerh. Hirschmann.

Schulz, O.: Der Chorbau von St. Lorenz in Nürnberg, Zeitschrift des Deutschen Vereins für Kunstwissenschaft, Jg. 10/1943.

Schulz, F. T.: Nürnbergs Bürgerhäuser und ihre Ausstattung. Das Milchmarktviertel. Leipzig — Wien 1908 — 1935.

Schwemmer, W.: Die Stadtmauer zu Nürnberg — Führer zu großen Baudenkmälern, Heft 31, Berlin 1944.

Schwemmer, W.: Adam Kraft — Nürnberg 1958.

Schwemmer, W.: Johann Adam Delsenbach und sein Werk — Mitteilungen des Vereins für Geschichte der Stadt Nürnberg, Bd. 52/1963—64, S. 399 ff.

Schwemmer, W.: Die Stadtmauer von Nürnberg. Verluste und Erhaltung im 19./20. Jahrhundert — Nürnberg 1968.

Schwemmer, W.: Das Fembohaus zu Nürnberg — Nürnberg 1955.

Schwemmer, W.: Das Bürgerhaus in Nürnberg — Tübingen 1972.

Schwemmer, W.: Johann Alexander Boener: Die Reichsstadt Nürnberg und ihr Umland um 1700 — Schriftenreihe der Altnürnberger Landschaft, Bd. XXIX, Nürnberg 1981.

Schwemmer, W., Kriegbaum, W.: Nürnberg. Historische Bilderfolge einer deutschen Stadt — Nürnberg 1951.

Schwemmer, W., Lagois, M.: Die Sebalduskirche zu Nürnberg — Nürnberg 1979.

Sembach, K. J. u. a.: Architektur in Nürnberg 1900—1980 — Ausstellungskatalog (Hrsg. Centrum Industriekultur), Stuttgart 1981.

Sporhan, L., Stromer, W. v.: Jacob Stromer 1561—1614, Ratsbaumeister zu Nürnberg — Mitteilungen des Vereins für Geschichte der Stadt Nürnberg, Bd. 51/1962, S. 273 ff.

Sprusansky, S.: Der heilige Sebaldus, seine Kirche und seine Stadt — Ausstellungskatalog des Landeskirchlichen Archivs in Nürnberg, Nr. 8, Nürnberg 1979.

Stafski, H.: Komponenten spätgotischer Städtekunst — Zeitschrift für Kunstgeschichte, Jg. 1959.

Stange, A.: Franken, Böhmen und Thüringen-Sachsen — Deutsche Malerei der Gotik. Bd. 9, München — Berlin 1954.

Stolz, G.: Die zwei Schwestern — Gedanken zum Bau des Lorenzer Hallenchors 1439—1477 — Nürnberger Forschungen, Bd. 20, Festschrift zum 500jährigen Chorjubiläum, Nürnberg 1977, S. 1 ff.

Stolz, G.: Der Englische Gruß des Veit Stoß zu St. Lorenz in Nürnberg — Arbeitshefte des Bayerischen Landesamts für Denkmalpflege 16, München 1983.

Stromer, W. v.: Die Metropole im Aufstand gegen König Karl IV. — Nürnberg zwischen Wittelsbach und Luxemburg — Mitteilungen des Vereins für Geschichte der Stadt Nürnberg, Bd. 65/1978, S. 55 ff.

Treue, W. u. a.: Die Mendelsche Zwölfbrüder-Stiftung zu Nürnberg — 2 Bde., München 1965.

Tunk, W.: Der Nürnberger Rathausbau Jakob Wolffs d. J. — Zeitschrift des Deutschen Vereins für Kunstwissenschaft, Jg. 9/ 1942, S. 53 ff.

Vallery-Radot: Notes sur les chapelles hautes dédiées à St. Michel — Bulletin monumental, Paris 1929, S. 453 ff.

Verzone, P.: Les églises du haut moyenâge et le culte des anges — L'art mosan. — Bibliothèque générale de l'ecole pratique des hautes études 6. section. Paris 1953.

Viebig, J. u. a.: Die Lorenzkirche in Nürnberg — Die Blauen Bücher, Königstein/Taunus 1971.

Waetzold, W.: Dürers Befestigungslehre — Berlin 1916.

Wagner, M.: Nürnberger Handwerker, Bilder und Aufzeichnungen aus den Zwölfbrüderhäusern 1388—1807 — Wiesbaden 1978.

Wendehorst, A.: Die Reichsstadt von den Anfängen bis zum Ende ihrer großen Zeit — Ausstellungskatalog „Nürnberg 1300—1450", 1986, S. 11 ff.

Zirnbauer, H.: Neue Delsenbachiana — Mitteilungen des Vereins für Geschichte der Stadt Nürnberg, Bd. 52/1963—64, S. 410 ff.

Blick vom Bahnhofsplatz zur Lorenzkirche (1927).

Burg von Süden (1927).

Burg und St. Sebald (1927).

Georg Wolfgang Schramm

Die Zerstörung

Einführung

„Wir wohnen . . . in Scheiterhaufen, die mit Türen und Fenstern versehen sind". Was Lichtenberg 1770 anläßlich seiner Kampagne für die Einführung des Blitzableiters in Göttingen geschrieben hatte, galt auch noch 160 Jahre später für Nürnberg. Die mittelalterliche Altstadt mit ihren engen Gassen, den mit viel Holz gebauten Fachwerkhäusern und den oft fehlenden Brandmauern stellte ein Brandschutzproblem erster Ordnung dar. Das galt ganz besonders für den Luftschutz.

Als nach der sogenannten „Machtergreifung" der Nationalsozialisten die Zeichen immer deutlicher auf einen Krieg hinwiesen, begann man auch hier in Nürnberg, sich mit diesen Problemen zu befassen. Der verstärkte Aufbau des Luftschutzes lief an. Zwar waren Idee und Konzept für den Aufbau einer Luftschutzorganisation noch in der Weimarer Republik entstanden, aber erst das Dritte Reich setzte diese Pläne mit Entschlossenheit in die Praxis um. 1935 wurde das Luftschutzgesetz erlassen. Auf Gemeindeebene wurde der Polizeipräsident „örtlicher Luftschutzleiter", er hatte das alleinige Sagen, was den Aufbau der Luftschutzkräfte, deren Einsatz und auch den Bau von Schutzräumen anging. Verschiedene Aufgaben, etwa die Bauausführung bei öffentlichen Luftschutzräumen und Bunkern oder die Versorgung mit Trinkwasser und Lebensmitteln nach Angriffen, waren in Nürnberg an die Stadtverwaltung deligiert. Sie hatte hierfür 1938 ein eigenes Luftschutzreferat eingerichtet.

Während aber in der Vorkriegszeit Luftschutz- und Verdunklungsübungen, Kampagnen des 1933 gegründeten „Reichsluftschutzbundes" und auch die staatliche Propaganda die „Volksgenossen" langsam aber stetig auf einen Krieg aus der Luft vorbereiteten, geschah in der „Stadt der Reichsparteitage" hinter den Kulissen zunächst recht wenig.

Nürnbergs Polizeipräsident Dr. Benno Martin lieferte sich damals mit der NSDAP unter Julius Streicher, dem berüchtigten Gauleiter und „Frankenführer", einen erbitterten Machtkampf, der Anfang 1940 mit der Absetzung Streichers endete. Martin hatte so wenig Gelegenheit, sich in der Zeit bis Kriegsbeginn ganz auf den Aufbau einer wirkungsvollen Luftschutzorganisation zu konzentrieren. Völlig untätig jedoch war man also nicht. Im Spätsommer 1937 wurde mit dem Bau einer zentral auslösbaren „Großalarmanlage" begonnen. Diese Sirenen waren dann am 1. September 1939 „das einzige was funktionierte", so der ehemalige Nürnberger Luftschutzreferent Dr. Konrad Fries nach dem Krieg.

Daneben war unter Federführung des Polizeipräsidenten mit dem Aufbau des „Sicherheits- und Hilfsdienstes", kurz SHD, begonnen worden. Den Kern des SHD bildeten die vorhandenen Hilfsorganisationen wie Feuerwehr, Rotes Kreuz, Technische Nothilfe und verschiedene städtische Fachdienste. Sie stellten die Führer und Fachleute für den Feuerlösch-, Instandsetzungs-, Entgiftungs- und Sanitätsdienst. Dazu kam Ergänzungspersonal, das listenmäßig erfaßt war und jederzeit aufgerufen werden konnte. Diese Ergänzungskräfte stellten bei Kriegsbeginn die

Hälfte des SHD-Personals. Ein Teil der für den SHD nötigen Fahrzeuge war noch vor dem Krieg vom Reich beschafft worden und auch in Nürnberg zunächst einmal in Depots gewandert, so auch 24 leichte Löschfahrzeuge. Der große Rest sollte bei Kriegsbeginn von zivilen Besitzern beschlagnahmt werden.

Die Bereitstellung von Unterkünften und auch die von persönlicher Ausrüstung, wie Uniformen und Stiefel für die SHD-Männer, konnte bis Kriegsbeginn nicht geregelt werden.

Als am 1. September 1939 der Zweite Weltkrieg begann, standen in Nürnberg 3794 SHD-Männer bereit — meist in Zivil. Sie verfügten über gut 400 Fahrzeuge, darunter 54 Löschfahrzeuge.

Daneben gehörte zum SHD eine Reihe ortsgebundener Einrichtungen wie 26 unterirdische Rettungsstellen für die Erstversorgung von Verletzten, Untersuchungsstellen für chemische Kampfstoffe, Entgiftungsstellen für Menschen und Sachen, zwei Tierlazarette und Sanitätsmitteldepots.

Schlecht stand es dagegen mit Schutzräumen für die Bevölkerung. Bis Anfang 1939 waren gerade zehn Öffentliche Luftschutzkeller, zwei Schutzräume für den SHD und neun Luftschutzkeller in städtischen Gebäuden ausgebaut worden. Mit Kriegsbeginn begann das städtische Hochbauamt deshalb beschleunigt Sammelschutzräume behelfsmäßig auszubauen. 247 waren es schließlich im Dezember 1939, im Juli 1940 waren in ganz Nürnberg 351 Öffentliche Luftschutzräume vorhanden oder im Bau.

Der Bau von Luftschutzkellern in Wohnhäusern war ab 17. August 1939 bindend vorgeschrieben worden, verantwortlich für die Durchführung waren die Eigentümer. Bis zu diesem Termin war auch hier wenig geschehen. Als nun überall mit dem Ausbau von Luftschutzkellern begonnen wurde, fehlten Arbeitskräfte und Baumaterialien. Ein Problem, mit dem die Verantwortlichen für den Bau von Luftschutzkellern und später auch von Bunkern bis Kriegsende kämpfen mußten. Als entgegen vollmundiger Ankündigungen des für die Luftverteidigung zuständigen Reichsmarschalls Hermann Göring, schon 1940 die ersten Städte im Ruhrgebiet und an der Küste von den Briten bombardiert wurden, begann im Oktober 1940 im ganzen Reich ein Programm zum Bau von bombensicheren Luftschutzbunkern. Einen Monat später fing man auch in Nürnberg mit dem Bau der ersten acht Bunker an, darunter waren auch die vier großen Stadttürme mit ihren bis zu acht Metern dicken Mauern. Sie erhielten eine 160 cm starke Abdeckung aus Stahlbeton.

Mit Beginn des Rußlandfeldzugs im Sommer 1941 mußte der Bunkerbau in Nürnberg eingestellt werden. Arbeiter, Beton und Baustahl wurden nun an der Ostfront gebraucht, das Schicksal der Zivilbevölkerung interessierte die Führer des Dritten Reiches nicht.

Trotzdem konnten bis Kriegsende in Nürnberg 15 Hoch- und 8 Tiefbunker fertiggestellt werden, darunter drei Krankenhausbunker. Sie boten Platz für ca. 21000 Menschen, waren aber meist bis zum Dreifachen der ursprünglich geplanten Kapazität überbelegt. Dazu kamen noch an die 348000 splittersichere Plätze in Hauskellern und Deckungsgräben und ca. 20000 Schutzplätze in den mittelalterlichen Felsenkellern unter der nördlichen Altstadt, die ab 1943 verstärkt für Luftschutzzwecke ausgebaut wurden.

Auch der Ausbau einer vom Wassernetz unabhängigen Löschwasserversorgung wurde bis Kriegsende mit großer Energie betrieben. Es entstanden unterirdische Behälter, große offene Löschteiche, kleinere Becken für den Selbstschutz, Wasserentnahmestellen an der Pegnitz und an anderen offenen Gewässern und schließlich wurden auch stillgelegte Abortgruben und Tankstellen für die Löschwasserversorgung verwendet.

Als ein äußerst glücklicher Umstand für die Stadt und ihre Einwohner erwies sich, daß Nürnberg bis August 1942 von größeren Fliegerangriffen völlig verschont blieb. In dieser Zeit konnten alle Verantwortlichen für den Luftschutz Versäumtes nachholen. Von den schlimmen Beispielen anderer Städte wie Warschau, Rotterdam, Lübeck und Rostock lernte man und nutzte die Gnadenfrist, um den Luftschutz neu zu organisieren und genügend gutausgebaute Schutzplätze zu schaffen.

Diese Jahre wurden auch für den Schutz von Kunstwerken und Baudenkmälern genutzt. Obwohl in der offiziellen Planung nur ganz am Rande vorgesehen, startete eine kleine Gruppe engagierter und mutiger städtischer Beamter ein im damaligen Deutschland beispielloses Programm zum Schutz und zur Bergung wertvoller Kulturgüter. Unter den Felsen des Burgberges entstanden ab 1940 bombensichere, vollklimatisierte Bergungsräume für bewegliche Kunstgüter. Dort, im Keller Obere Schmiedgasse 52 und später auch unter dem Paniersplatz überstanden so berühmte Werke wie der Englische Gruß von Veit Stoß, die Reichskleinodien, der Tucheraltar und das Männleinlaufen aus der Frauenkirche, die Figuren der wichtigsten Brunnen, außerdem wertvolle Bücher, Bilder und Zeichnungen aus allen Nürnberger Museen und Archiven sowie Altäre, Plastiken und Kirchenfenster die Bombennächte des Krieges.

Was nicht unter die Erde gebracht werden konnte,wie das Sebaldusgrab in St. Sebald, das Sakramentshäuschen in St. Lorenz oder der Schöne Brunnen auf dem Hauptmarkt (um hier nur einige zu nennen) mauerte man ein. Vor der Frauenkirche, vor St. Sebald und vor St. Lorenz entstanden Splitterschutzwände, um wertvolle Portale und Plastiken vor Bombensplittern zu schützen. Von Stuckdecken, Reliefs und anderen Kleinodien, die nicht abzunehmen oder sonst irgendwie zu schützen waren, wurden Gipsabdrücke und Fotographien angefertigt und in Sicherheit gebracht.

Besonders in den ersten Kriegsjahren, als die Wehrmacht noch von Sieg zu Sieg stürmte und sich über Nürnberg kein feindlicher Flieger sehen ließ, war die Durchführung all dieser Kunstluftschutzmaßnahmen nicht sehr populär, die Verantwortlichen mußten sich oft den Vorwurf des Defaitismus gefallen lassen. Brunnen ohne Figuren, leere Museen und vermauerte Kirchenportale trugen eben nicht besonders zum Glauben an den „Endsieg“ bei.

Neben diesen baulichen Maßnahmen wurden von den Kunstluftschützern auch organisatorische Schutzmaßnahmen getroffen. So verstärkten Hilfskommandos der Wehrmacht bei Fliegeralarm die Selbstschutzkräfte in den historisch wertvollen Gebäuden der Altstadt, auf der Burg wurden Hitlerjungen zur Brandbekämpfung eingesetzt. Und damit auch Löschkräfte von außerhalb sehen konnten, welche Häuser sie bevorzugt löschen sollten, wurden neben vielen Eingangstüren große, ovale Hinweisschilder mit den Aufschriften „Historisch wertvoll“ oder „Historisch sehr wertvoll“ angebracht. Geholfen hat dies nur wenig. Die Feuerwehren erhielten ihre Einsatzbefehle von der örtlichen Luftschutzleitung und hatten in erster Linie Menschenleben und kriegswichtige Betriebe zu retten. Für historische Bauwerke waren nur selten Kräfte übrig, meist blieben die Selbstschutzkräfte beim Kampf gegen die Brandbomben auf sich allein gestellt. Und gegen die amerikanischen Sprengbombenteppiche, wie einer am 3. Oktober 1944 die Moritzkapelle samt Bratwurstglöcklein zerfetzte, gab es sowieso keine Hilfe.

Und trotzdem, es gab auch Ausnahmen. So gelang es beherzten Bürgern, das Dürer- und das Fembohaus vor den Flammen zu retten.

Der Luftkrieg

Nürnberg war in den Augen der alliierten Zielplaner mehr als nur die Stadt Dürers oder die der Reichsparteitage. Für sie war „Nuremberg“ ein wichtiger Verkehrsknotenpunkt im Streckennetz der Reichsbahn und vor allem ein bedeutendes Zentrum der deutschen Kriegswirtschaft. Und tatsächlich finden sich im geheimen Codebuch der Fertigungskennzeichen für Waffen, Munition und Geräte, herausgegeben vom Oberkommando des Heeres, 129 Nürnberger Hersteller. Die Kürzel begannen mit „aqf“ für die Aufzugswerke Schmitt und Sohn und endeten mit „nbw“ für das Zipp-Werk. Zwischen diesen beiden Firmennamen finden sich aber auch große Firmen, wie die Aluminiumwerke Nürnberg, MAN und Siemens. Und nicht nur in alliierten Augen waren sie wichtige Lieferanten für die Kriegsmaschinerie des Dritten Reiches.

Doch zunächst blieben die Bomberflotten aus. Zwar heulten in Nürnberg schon am ersten Kriegstag die Sirenen, aber es war ein Fehlalarm. Das „Kriegsglück“, so sah es zunächst aus, stand auf der Seite Hitlers: die Wehrmacht stürmte von Sieg zu Sieg, es war die Zeit der „Blitzkriege“: Polen, Dänemark, Norwegen, die Niederlande, Belgien und im Juni 1940 schließlich auch Frankreich wurden besiegt. Feindliche Bomber über Nürnberg? Unvorstellbar.

Amerikanische Karte zur Einweisung von Bomberbesatzungen (1945).

Doch im Sommer 1940 begann sich die Wende abzuzeichnen, zumindest im Luftkrieg. Die deutsche Luftwaffe konnte die „Luftschlacht um England" nicht gewinnen, die geplante Landung auf der Insel wurde erst verschoben, schließlich ganz abgeblasen.

Die Royal Air Force operierte ab Sommer 1940 zunächst mit kleinen Gruppen von zweimotorigen Nachtbombern auch im süddeutschen Raum. Am 7. August 1940 fielen bei Burgfarrnbach die ersten Bomben, in der Nacht vom 20. auf 21. Dezember 1940 detonierten wieder Bomben in der Nähe von Nürnberg, diesmal auf dem Märzfeld. Doch beides waren eher Zufallstreffer. Flugzeuge, Navigationsmittel und Taktik der Briten waren für einen strategischen Luftkrieg gegen Deutschland noch nicht genügend entwickelt.

Das änderte sich erst 1942, als die RAF über genügend viermotorige Langstreckenbomber mit großer Zuladung auch bei großer Reichweite, über genaue Funknavigationsmittel und Bordradar verfügte. Im Sommer 1942 waren auch die ersten „Pfadfinder"-Verbände einsatzbereit. Sie markierten mit Leuchtbomben das Ziel für die nachfolgenden Bomber. Nun war auch für Nürnberg die Schonzeit um. Mit schweren Luftangriffen war zu rechnen.

Einen ersten Eindruck hatte man schon in der Nacht vom 12. auf den 13. Oktober 1941 mitbekommen. Damals waren 152 Bomber zum Angriff auf die „Stadt der Reichsparteitage" gestartet. Die große Masse davon waren noch zweimotorige Wellingtons und Whitleys gewesen, nur 16 Bomber waren moderne viermotorige Halifax und Stirling. Der Angriff war kein Erfolg für die Engländer, auf das Stadtgebiet von Nürnberg fielen nur 20 Sprengbomben und 14 Brandkanister. Der erste Luftkriegstote in Nürnberg wurde registriert, bei den Aluminiumwerken wurde das Verwaltungsgebäude beschädigt, ferner Wohnbaracken in der Maiacher Straße.

Schlimmer wüteten die Bomben aber in Schwabach, hier wurden acht Menschen getötet, 50 Häuser brannten ab. In den Tagen nach dem Angriff fuhren viele Neugierige aus Nürnberg in die Nachbarstadt, um die Folgen eines „richtigen" Fliegerangriffs anzusehen.

Trotzdem, der Angriff auf Schwabach war noch relativ bescheiden gewesen. Wie der Luftkrieg tatsächlich sein würde, das erfuhren die Verantwortlichen für den Nürnberger Luftschutz, als sie vom Luftgaukommando die geheimen Erfahrungsberichte über die schweren Brandbombenangriffe auf Lübeck (28. März 1942) und Rostock (24. April 1942) erhielten. In beiden Städten war der alte Stadtkern fast völlig abgebrannt, Hunderte von Menschen in den Flammen umgekommen. In der deutschen Presse tauchte das Wort „Terrorangriff" auf. Und als am 30. Mai 1942 die Royal Air Force ihren ersten 1000-Bomber-Angriff auf Köln flog und 469 Menschen dort getötet wurden, verloren sich auch die letzten Illusionen.

Im Juli und August 1942 landeten in Großbritannien die ersten amerikanischen Bombergeschwader, ab 1943 waren ihre „fliegenden Festungen" fast täglich gegen Ziele in Deutschland und Westeuropa im Einsatz. Damit waren auch die Voraussetzungen geschaffen worden, den Luftkrieg gegen Deutschland rund um die Uhr führen zu können. Nachts bombardierte die RAF. Sie wollte die Moral der Zivilbevölkerung brechen, die Industrieproduktion durch den Arbeitsausfall nach den Angriffen treffen. Das Ziel der Bomber waren fast ausnahmslos Wohngebiete oder Stadtzentren, Treffer auf Industrieanlagen waren eine willkommene Zugabe.

Die Amerikaner dagegen versuchten im Rahmen ihrer Vorstellungen von strategischer Luftkriegsführung durch oft verlustreiche Präzisionsangriffe am Tag, Schlüsselindustrien wie Werke der Kugellager-, Treibstoff-, Flugzeug- und Panzerproduktion sowie wichtige Verkehrsanlagen auszuschalten.

Die deutsche Luftwaffe war dagegen kaum in der Lage, diesen Bomberflotten wirksamen Widerstand zu leisten. Ihre Kräfte waren zersplittert, zwischen dem Nordkap, den Weiten Rußlands und Nordafrikas bzw. Italien.

Für Angriffe auf die Bomberbasen in England fehlten die Bomber. Für eine wirksame Abwehr der einfliegenden Pulks die Jäger. Im April 1943 etwa verfügte die Reichsverteidigung über ca. 120 einmotorige Tagjäger und 350 Nachtjäger, erst im Sommer 1943 stieg die Zahl der Tagjäger auf rund 800. Zu wenige, um sich den riesigen Bomberflotten bei Tag und Nacht erfolgreich entgegenstellen zu können. Und noch 1943 tauchten auch die ersten Langstreckenjäger der Amerikaner am Himmel über

Deutschland auf und verwickelten die Jäger der Lufwaffe in verlustreiche Schlachten, immer mehr erfahrene Flugzeugführer wurden abgeschossen, die Geschwader bluteten aus.

Ab Mitte 1944 beherrschten die Alliierten Luftflotten schließlich fast täglich den Luftraum über dem Reich. Ihre Angriffe auf das rumänische Erdölgebiet um Ploesti und auf die Kohlehydrierwerke in Deutschland brachten die Kraftstoffversorgung für Wehrmacht und Luftwaffe mehr und mehr zum Versiegen. Zwar wurden 1944 mehr Rüstungsgüter produziert als je zuvor, aber mehr und mehr Jagdflugzeuge konnten wegen Treibstoffmangels nicht starten, die Ausbildung der deutschen Piloten wurde mangels Flugbenzin immer schlechter — und damit auch deren Aussichten, die Luftschlachten zu überleben, geschweige denn, sie zu gewinnen.

Als im Herbst 1944 die Allierten zwischen Trier und Aachen die deutsche Grenze erreicht hatten, konnten amerikanische und britische Jagdbomber von grenznahen Flugplätzen in Belgien und Frankreich aus zu Tiefangriffen gegen Bahn- und Straßenziele im Reich starten und auch der Nürnberger Raum blieb nicht mehr von den „Jabos" verschont. Tiefangriffe auf Bauern, Fahrradfahrer, Lastwagen und Züge trugen den Luftkrieg nun von den großen Städten weg, hinaus aufs flache Land.

Der Luftkrieg gegen Deutschland war in sein letztes Stadium gegangen. Vieles von dem, was vorher verschont geblieben war, wurde noch in den ersten vier Monaten des Jahres 1945 zerstört. Auf Nürnberg etwa fielen von Januar bis April 1945 mehr Bomben, als in den ganzen Kriegsjahren von 1940 bis 1944 zusammen.

Bombenangriffe auf Nürnberg

Der erste „Großangriff" erfolgte in der Nacht vom 28. auf 29. August 1942. Die Schwerpunkte lagen am südwestlichen Rand des Stadtparks, zwischen Bayreuther und Sulzbacher Straße, nördlich von Wöhrd und im Gebiet zwischen der Allersberger Straße und St. Peter. Vereinzelte Bomben fielen auch in die Altstadt. 136 Menschen wurden getötet, 152 Wohnhäuser total zerstört. Der Feuerlöschdienst registrierte 220 Brände.

Zu den ersten Gebäuden, die abbrannten, gehörte die „Alte Kongreßhalle" an der Luitpoldarena. Dort, wo während der Reichsparteitage einst große Reden geschwungen worden waren, war es still geworden. Man hatte in der Halle ein großes Lebensmittellager eingerichtet, das nun größtenteils in Flammen aufging, ebenso wie die 1906 erbaute Halle. Auch die großen hölzernen Hallen der KDF-Stadt am Valzner Weiher wurden von Brandbomben völlig eingeäschert.

Erste Treffer erhielt die Burg durch eine Luftmine und zwei Sprengbomben. Ihre Druckwellen deckten große Flächen des Daches ab, auch die Inneneinrichtung wurde stark in Mitleidenschaft gezogen. Auf der Südseite wurde ein großes Stück der Außenmauer des Palas eingedrückt, der Balkon an der Westseite stark beschädigt. Andere Sprengbomben zerstörten auch das Burggärtnerhaus und beschädigten das Mauerwerk des Wehrganges der Bastei unterhalb der Burg. Der Westgiebel der Kaiserstallung hatte Risse bekommen, auch hier war das Dach teilweise abgedeckt. Die Rückseite des Pilatushauses und einige der kleinen Häuser am Ölberg stürzten ein, im Albrecht-Dürer-Haus gingen die Originalfenster größtenteils zu Bruch. Am Obstmarkt brannten die Häuser 10/18 (Wollbauer) ab. Eine Minenbombe, die im Hof des Polizeipräsidiums explodierte, beschädigte Dach und Fenster der St. Elisabeth Kirche. Leichte Schäden gab es an der Egidien-, Jakobs-, Herz-Jesu- und an der Peterskirche. Stark beschädigt wurden das Martha-Maria-Krankenhaus an der Fenitzerstraße und im Sebastiansspital das Gebäude der Krankenabteilung. Auch der Saalbau Rosenau wurde von mehreren Phosphorbrandbomben getroffen und brannte völlig ab.

Englisches Aufklärerphoto mit eingezeichneten Schäden des Angriffs vom 28./29. August 1942.

Brand- und Sprengbombenschäden meldeten verschiedene Industriebetriebe, so die MAN und Siemens, die Lumophonwerke in der Schloßstraße, FAUN in Wöhrd und die Victoria-Werke in der Ludwig-Feuerbach-Straße.

Erstmals in Nürnberg zum Einsatz kamen auch für den überörtlichen Einsatz aufgestellte Löscheinheiten: so die Luftschutzabteilung (mot.) 22 der Luftwaffe und drei Kompanien des Feuerschutzpolizei-Regiments 3, die dem Befehlshaber der Ordnungspolizei unterstand.

Über die Folgen des Angriffs meldete der Bericht der Wehrmachtskommandantur Nürnberg/Fürth vom 3.9.1942: „. . . Da die meisten Treffer die Ziele nicht unmittelbar erreichten und dicht neben den Zielen lagen, ist der Schaden in den wehrwichtigen Rüstungsbetrieben erfreulicherweise beschränkt. Die Produktion ist nach den bisher vorliegenden Meldungen in fast keinem Betrieb restlos ausgefallen und wird mit gewissen Hemmungen weitergeführt. Die Schäden in den an die Betriebe angrenzenden Wohngebieten sind beträchtlich. Die Verluste an Toten und Verwundeten entsprechen der Schwere des Angriffs . . .“

Bis zur Jahreswende 1942/43 blieb die Luftlage ruhig, die Tagebücher verzeichnen lediglich vier Fliegeralarme.

Viele Nürnberger aber dachten in dieser Zeit wohl weniger an die Gefahr neuer Luftangriffe, sondern an ihre Angehörigen, die an der Ostfront eingesetzt waren. Dort war die deutsche Sommeroffensive in den Vororten Stalingrads steckengeblieben. Am 22. November 1942 hatten sowjetische Truppen die 6. Armee eingeschlossen, ein deutscher Entsatzversuch war gescheitert, die Lage hoffnungslos. Auch in Nordafrika war die Wehrmacht zum Rückzug gezwungen, den Alliierten gelang die Landung in Algerien und Marokko.

Nürnberg wurde erst in der Nacht vom 25. auf den 26. Februar 1943 wieder angegriffen. 337 viermotorige Bomber der RAF flogen in der mondlosen Nacht die Stadt an. Wegen der schlechten Sicht warfen die Bombenschützen ihre Ladungen zum größten Teil auf das Knoblauchsland, nur ein kleiner Teil fiel auf die nördlichen und nordwestlichen Stadtteile. 27 Menschen wurden getötet, der Feuerlöschdienst meldete 44 Großfeuer, acht mittlere und zehn kleine Brände. Schwere Schäden gab es besonders in Mannhof, Großgründlach, Boxdorf und Kraftshof. Dort brannte die alte Wehrkirche ab. Da keine Hilfe von außen eintraf und da auch der Wasserdruck in der Leitung zum Löschen nicht ausreichte, versuchte die Bevölkerung mit Eimerketten Wasser heranzuschaffen — vergeblich. Es gelang nicht, die vielen Brandbomben zu löschen, die eingeschlagen waren. In den Holzkonstruktionen fanden die Flammen immer neue Nahrung. Die barocke Wolkenwand mit ihren Figuren verbrannte, Steinreliefs platzten ab und auch der Wehrgang wurde vernichtet.

Dagegen gelang es Selbstschutzkräften und Wehrmachthilfskommandos, in der Altstadt am Paniers- und Theresienplatz einige Dachstuhlbrände zu löschen.

Der nächste Angriff auf Nürnberg erfolgte bereits in der Nacht vom 8. auf den 9. März 1943. Diesmal waren es 335 Bomber, die ab 23.00 Uhr die Stadt überflogen und 358 Tonnen Spreng- und 412 Tonnen Brandbomben abwarfen. Im Bombenhagel starben 343 Menschen, unter ihnen 121 ausländische Zivilarbeiter. Hauptschadensgebiet war die südliche Altstadt. Hier brannte auch der Dachstuhl der Mauthalle ab, der Westgiebel stürzte ein. Dies trotz eines dort eingesetzten Wehrmachthilfskommandos. Zunächst hatte es so ausgesehen, als könnte das Feuer noch unter Kontrolle gebracht werden. Doch als der Druck im Wasserleitungsnetz zusammenbrach, konnte das Hydrantengerät nicht mehr eingesetzt werden, ein Brand im Westflügel geriet außer Kontrolle. Zur Sicherung der historischen Bausubstanz wurde später ein hölzernes Notdach aufgerichtet. In der Kaiserburg entstanden Schäden an Türen und Fenstern durch Druckwellen, eine Sprengbombe durchschlug den Tunnel am Tiergärtner Tor, Wehrgang und Torhaus stürzten ein. Niedergebrannt sind in dieser Nacht auch das Altersheim am Kettensteg, der Wehrgang über dem Neutor, der Kulissenbau des Schauspielhauses und das Herkulesvelodrom neben dem Verkehrsmuseum. Von dem Fachwerkbau blieb nur noch ein Kamin übrig. Im Nassauer Haus, in der Lorenzkirche und in der Marienkirche konnten Selbstschutzkräfte Entstehungsbrände löschen und so größere Schäden verhindern. Insgesamt registrierte der örtliche Luftschutzleiter nach dem Angriff 171 Großbrände, 339 mittlere und 1746 kleinere Feuer. Von den „kriegswichtigen“ Betrieben war das Siemens-Trafo-Werk am schwersten getroffen. Die große Fertigungshalle brannte nieder, drei Viertel der Produktionsfläche waren vernichtet, erst ein Jahr später konnte im Trafowerk wieder weitergearbeitet werden. Auch die Bahn erlitt schwere Treffer, auf dem Rangierbahnhof verbrannten über 200 Güterwagen, eine Sprengbombe durchschlug den Marientunnel.

Zur Schadensbekämpfung waren 274 Löschgruppen eingesetzt, davon 202 von außerhalb, u. a. aus Chemnitz, Leipzig und Dresden.

Durch eine Zeitzünderbombe wurden in der damaligen Horst-Wessel-Straße (heute Pillenreuther Str.) sieben Angehörige der Technischen Nothilfe getötet, drei weitere Männer schwer und fünf leicht verletzt. Sie waren mit der Reparatur einer Rohrleitung beschäftigt gewesen. Zeitzünderbomben forderten auch nach anderen britischen Luftangriffen immer wieder Todesopfer, oft erst viele Stunden und Tage nach dem Angriff.

Im Frühjahr und auch im Frühsommer 1943 blieben die Bomberpulks aus. Auch die Zahl der Fliegeralarme hielt sich mit neun in Grenzen.

Die Kriegslage dagegen verschlechterte sich mehr und mehr. Am 13. Mai 1943 hatte das Afrikakorps kapituliert, Anfang Juli waren die Engländer und Amerikaner auf Sizilien gelandet. Im Osten scheiterte ebenfalls Anfang Juli 1943 die letzte große deutsche Offensive im Kursk-Bogen, das Unternehmen „Zitadelle“. Die Initiative lag nun bei den sowjetischen Truppen.

Auch der Luftkrieg wurde immer schärfer. Am 30. Mai 1943 bombardierten die Engländer Wuppertal-Barmen. 2450 Tote wurden bestattet. Vom 24. Juli bis zum 3. August 1943 griffen Briten und Amerikaner rund um die Uhr Hamburg an: Operation „Gomorrah“. Mit erstmals abgeworfenen Staniolstreifen gelang es ihnen, die Radargeräte der deutschen Flak außer Gefecht zu setzen, die Angriffe konnten nahezu unbehindert abrollen. Mehr als 35000 Menschen kamen in jenen Tagen in Feuerstürmen um oder starben in den Kellern. 50000 Hamburger wurden meist schwer verletzt. Da die NS-Zensur alle Einzelheiten über das Ausmaß der Angriffe unterdrückte, kursierten die wildesten Gerüchte — auch in Franken. Man sprach von 100000 Toten allein in Hamburg, von Unruhen in der Hansestadt, zu deren Niederwerfung angeblich Polizei, SA oder Wehrmacht eingesetzt worden sei.

Der NSDAP-Ortsgruppenleiter von Mögeldorf unterrichtete am 22. Juli 1943 die Kreisleitung über die Stimmung in seiner Ortsgruppe: „. . . Die Volksgenossen rechnen mit einem Fliegerangriff auf Nürnberg, deshalb werden die möglichsten und unmöglichsten Formen von Luftschutzkellern, Splittergräben, Deckungsgräben entworfen und ausgeführt, Fluchtgänge angelegt usw. Die Angst vor Verschüttung und flüssigem Phosphor ist groß . . .“ Am Ende dieses Berichts fehlte das obligatorische „Heil Hitler“. Zufall?

Äußerst kritisch für die damalige Zeit war auch der geheime Stimmungsbericht für den Monat August 1943, den der Regierungspräsident in Ansbach nach München schickte. Dort stand u. a.:

„. . . Wie groß die Angst der Bevölkerung vor Luftangriffen ist, zeigt sich derzeit besonders in Nürnberg, wo jeden Abend viele Männer und Frauen mit der Bahn, vereinzelt sogar mit Kraftfahrzeugen, die Stadt verlassen, um auswärts zu übernachten. Sie geben damit den Volksgenossen, die nicht die Möglichkeit haben, auswärts eine Zufluchtsstätte aufzusuchen, ein schlechtes Beispiel, schwächen aber außerdem auch die Abwehrkraft des Selbstschutzes.

Auch in Bamberg verlassen viele Leute bei Fliegeralarm ihre Häuser und suchen Schutz in der Umgebung der Stadt. Dieser Unsinn wurde in die Bevölkerung von Hamburgern hineingetragen, die erzählten, daß Luftschutzkeller nichts nützen . . .“

Allein in Oberfranken waren im Sommer 1943 53751 Evakuierte aus Hamburg einquartiert worden. Und das, was sie über die Feuersturmnächte vom Juli erzählten, trug wenig dazu bei, den Glauben der Franken an den „Endsieg“ zu stärken.

In diese gespannte Stimmungslage hinein platzte der britische Angriff vom 11. August 1943. Nach den Meldungen des Luftschutzwarnkommandos war nicht mit einem Angriff auf Nürnberg zu rechnen gewesen, als um 0.48 Uhr das Warnsignal „Fliegeralarm“ ausgelöst wurde. Aber schon sechs Minuten später fielen die ersten Sprengbomben bei der Lorenzkirche und beim Grand-Hotel. Die

Nürnberger wurden noch auf dem Weg in die Keller von dem Angriff überrascht.

653 viermotorige Bomber, Lancaster, Stirling und Halifax überflogen bis 02.03 Uhr die Stadt und warfen 878 Tonnen Spreng- und fast ebenso viele Brandbomben.

Die Schwerpunkte der Abwürfe lagen im Norden der Stadt, am südlichen Rand der Altstadt und besonders in Wöhrd. Die meisten der 585 Menschen, die in dieser Bombennacht getötet wurden, starben dort. Der alte Ortskern wurde völlig vernichtet. Die meisten Opfer wurden später in völlig verschütteten Luftschutzkellern gefunden. Viele waren auch zu lange in den Kellern geblieben und dann erstickt. Männern der Feuerwehrkompanie Pegnitz-Hersbruck gelang es, sich unter einem Schirm aus Löschwasser an einen von den Flammen völlig eingeschlossenen Luftschutzraum heranzuarbeiten und ca. 400 Menschen noch rechtzeitig in Sicherheit zu bringen.

An verschiedenen Stellen im Stadtgebiet konnten Hilfsmannschaften 194 Menschen noch lebend aus eingestürzten Kellern retten.

Die Bomben beschädigten wertvolle Baudenkmäler. St. Sebald erlitt Brandschäden am Ostchor und am nördlichen Seitenschiff, auch die Friedenskirche wurde beschädigt. In der Lorenzkirche trafen Sprengbomben das Langhaus, drei Gewölbe stürzten ein, auf einer Länge von 12 Metern war der Himmel zu sehen. Auch das Dach des Chores wurde weitgehend zerstört, ebenso viele der weniger wertvollen Kirchenfenster, die man nicht ausgebaut hatte. In aller Eile errichtete man später ein Notdach, um die Eichenholzdübel der Netzgewölberippen vor Feuchtigkeit zu schützen. Durch die Druckwelle einer Luftmine wurden fast im ganzen Germanischen Nationalmuseum Fenster, Türen und Dachziegel eingedrückt. Auch die letzte große Hopfenhalle am Kornmarkt brannte vollständig nieder, ebenso die Jobster Kirche und einige Bürgerhäuser in der Altstadt. Insgesamt 1732 Gebäude wurden bei dem Angriff total zerstört, 1156 schwer und 2386 mittelschwer beschädigt.

Bereits in der Nacht vom 27. auf den 28. August 1943 waren wieder Bomber der Royal Air Force mit Kurs auf Nürnberg gestartet, insgesamt 674 Maschinen. Die extrem dunkle Neumondnacht und starke Flakabwehr sowie der Einsatz deutscher Nachtjäger führten dazu, daß sich die Kräfte der Angreifer zersplitterten. Viele Bomben wurden bereits südlich von Nürnberg ausgeklinkt und trafen die Vororte. In Nürnberg selbst wurden die Gebiete um das Maxfeld, um den Nordostbahnhof sowie die südliche Altstadt und Laufamholz besonders schwer getroffen. Obwohl in dieser Nacht mehr Brandbomben als am 2. Januar 1945 abgeworfen wurden, blieben die Schäden relativ gering. 56 Menschen wurden getötet, 458 Wohngebäude total zerstört, 381 mittelschwer und 1704 leicht beschädigt. Das Schloß Oberbürg und das Tucherschloß in der Adamstraße wurden Opfer der Bomben, ebenso die Häuschen am Trödelmarkt. Brände flammten auch in der Adler- und Karolinenstraße, in der Brunnen-, Klara- und der Breiten Gasse auf. Das Hotel Wittelsbach und das Apollotheater in der Pfannenschmiedsgasse erlitten mittlere Brandbombenschäden. Schwer getroffen wurde das Kabel- und Metallwerk Neumeyer in Schafhof. Dort waren u. a. das große Lager in der Munitionsfertigung, die Halle für die Hülsenfertigung, die beiden Rohrzüge und die Kabelflechterei zerstört. Bei der MAN war die Halle mit der Lastwagenmontage getroffen worden, bei Siemens Schuckert das Labor. Und auch die Hammerwerke bei Laufamholz brannten nieder, ein Stück Industriegeschichte ging verloren.

In der Stadt war die vielgepriesene Ordnung des Dritten Reiches vorübergehend ins Wanken geraten. Auf dem Ring waren noch vor der Entwarnung einige Tausend Neugieriger unterwegs, sie durchbrachen Absperrungen, standen untätig herum und behinderten den Einsatz von Lösch- und Rettungsmannschaften. Und wegen der zunehmenden Neigung vieler Nürnberger, die Stadt bei Einbruch der Dunkelheit zu verlassen, erließ der örtliche Luftschutzleiter — seit Anfang 1943 war es der Oberst der Schutzpolizei Otto Kuschow — eine Verordnung zur Sicherstellung der Luftschutzbereitschaft, die es allen im Selbstschutz eingeteilten Männern verbot, die Stadt während der Nachtstunden zu verlassen.

Der Rest des Jahres 1943 blieb für die Nürnberger ruhig, die Stimmungslage verbesserte sich wieder. An der Ostfront mußte die Wehrmacht nun vor der Gegenoffensive der Roten Armee zurückweichen. Die Alliierten

Burg (Sommer 1943).

waren im Oktober 1943 in Neapel einmarschiert, der ehemalige Verbündete Italien erklärte Deutschland den Krieg.

Auch das Jahr 1944 begann mit Niederlagen. Im Januar gewann die Rote Armee westlich von Kiew an Boden, Ende Januar gelang den Sowjets die endgültige Entsetzung Leningrads und wenige Tage vorher hatte Spanien die „Blaue Division“ zurückgezogen. Mancher Nürnberger erinnerte sich da an den Juli 1941, als Freiwillige dieser Einheit in der Stadt zu Besuch gewesen waren.

Am 25. Februar 1944 heulten um 12.47 Uhr wieder die Sirenen: „Fliegeralarm“! Gut eine Stunde später griffen 172 viermotorige Liberator-Bomber der 8. Amerikanischen Luftflotte das Flugzeugwerk Bachmann, von Blumenthal & Co. in Fürth an. Dieser Angriff gehörte zu einer Serie, die sich gegen Werke richtete, in denen zweimotorige Jäger des Typs Messerschmitt Bf. 110 montiert oder repariert wurden. Die Bf. 110 bildeten neben der Junkers Ju 88 das Rückgrad der deutschen Nachtjagd und fügten den britischen Bombern Nacht für Nacht schmerzliche Verluste zu.

Bei diesem ersten Tagangriff kamen 138 Menschen ums

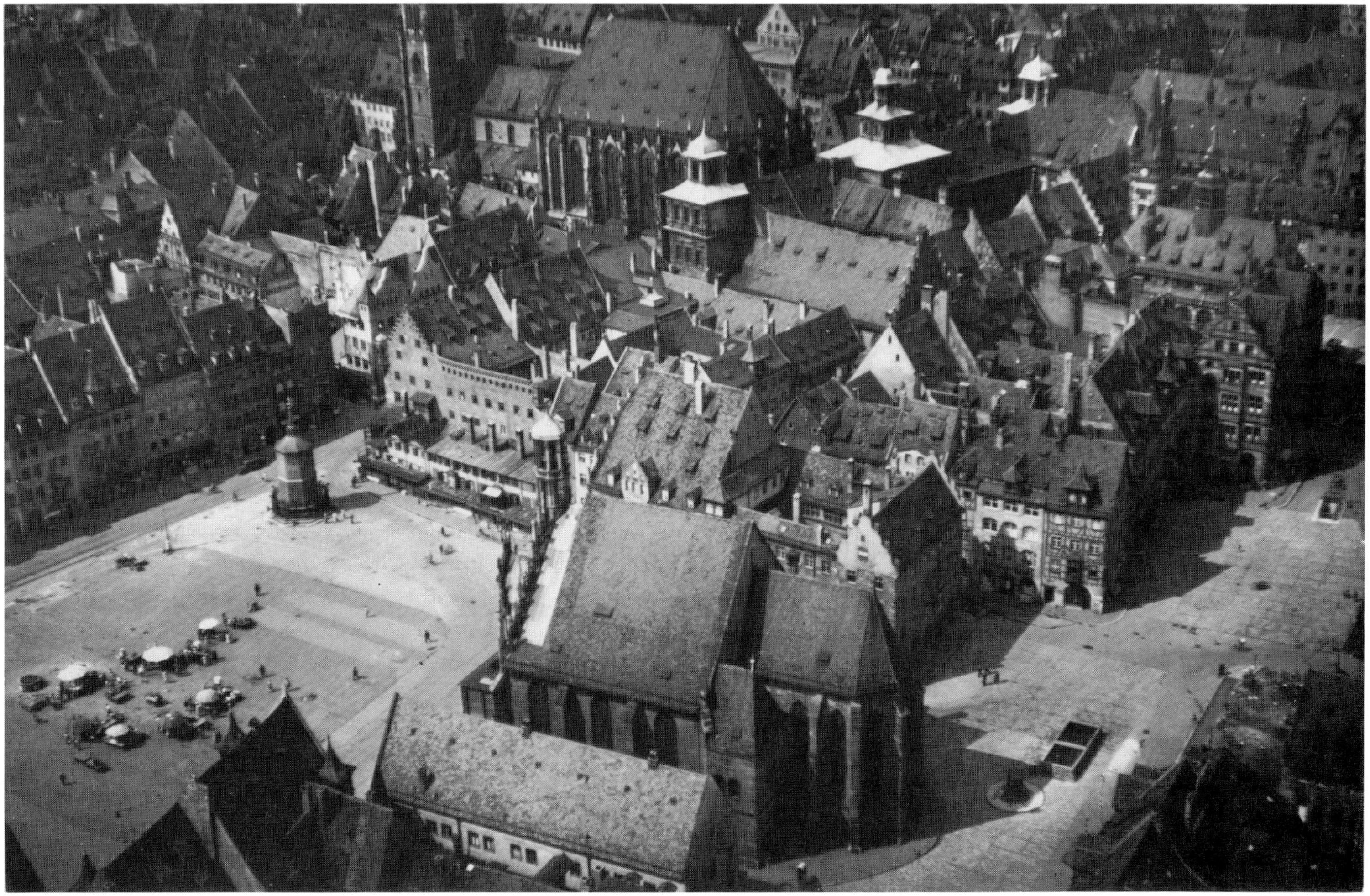

Hauptmarkt (Sommer 1943).

Leben, 122 wurden verletzt, die meisten von ihnen Facharbeiter des Flugzeugwerkes, die vor den Bomben auf das freie Feld geflüchtet waren. Die Schäden des Angriffs waren beträchtlich, die „Waggon", so nannten die Fürther das Werk, war für 14 Tage völlig lahmgelegt, danach produzierte sie für längere Zeit nur mit 60% der normalen Kapazität.

Die Nürnberger wußten nun, daß sie auch mit Angriffen amerikanischer Tagbomber rechnen mußten.

Doch der nächste Angriff wurde wieder von der Royal Air Force durchgeführt. Der Oberbefehlshaber des britischen Bomberkommandos Arthur Harris, von der deutschen Propaganda als „Bomber-Harris" geschmäht, suchte für die Nacht vom 31. März 1944 eine große Industriestadt, die bisher noch nicht schwer beschädigt worden war. Seine Wahl fiel auf Nürnberg. Die Briten nahmen an, daß dort Panzer, Dieselmotoren, Elektrogeräte, Munition, Scheinwerfer und viele andere Rüstungsgüter produziert würden. Dies und der Umstand, daß Nürnberg noch relativ unbeschädigt war, gaben den Ausschlag. So starteten schließlich 795 Bomber — 572 Lancaster, 214 Halifax und 9 Mosquitos zum Angriff auf Nürnberg. Es war der größte Nachtangriff, der während des ganzen Zweiten Weltkrieges gegen die Stadt ausgeführt wurde. Die Bomber schleppten 970 Tonnen Spreng- und 1176 Tonnen Brandbomben mit sich. Doch das Unternehmen wurde zum größten Fiasko des Bomberkommandos während des ganzen Krieges. Schon beim Anflug auf die belgische Küste waren deutsche Nachtjäger auf den Bomberstrom gestoßen und verfolgten ihn in der mondhellen Nacht bis Nürnberg und auch weiter auf dem Rückflug. 95 Viermotorige wurden abgeschossen, 545 britische Flieger starben in dieser Nacht. Weitere 159 sprangen mit dem Fallschirm ab und gerieten in Kriegsgefangenschaft. Die Luftwaffe registrierte in dieser Nacht drei Tote, acht vermißte und einen verwundeten Piloten.

In Nürnberg starben 74 Menschen, 122 wurden verletzt. 130 Gebäude waren völlig zerstört, 1243 schwer beschädigt, darunter die Landesgewerbeanstalt, die Norishalle und die Reichsbank. 879 Häuser waren mittelschwer und 2505 leicht beschädigt. Insgesamt wurde der Angriff als „mittelschwer" eingestuft, die Schäden an historischen Gebäuden waren gering, am Plärrer wurden die Stadtmauer und ein Zwingerturm beschädigt.

Größere Schäden allerdings entstanden im Landkreis Nürnberg. In Röthenbach/Pegnitz kamen 22 Menschen ums Leben, mehrere Gebäude gingen in Flammen auf. Bei Behringersdorf trafen die Bomben einen Wehrmachtstransport, mehrere mit Munition beladene Waggons explodierten.

Nach dem 31.3.1944 blieb es am Himmel über Nürnberg wieder ruhig. Die alliierten Bomber waren nun häufig über Frankreich eingesetzt, um die Invasion in der Normandie vorzubereiten, die schließlich am 6. Juni 1944 gelang. Zwei Tage vorher hatten die Alliierten Rom besetzt. Im Osten war seit 13. Mai 1944 die Krim wieder völlig in sowjetischer Hand. Ende Juli 1944 stand die Rote Armee vor Warschau, Ende August besetzte sie Bukarest. Am 25. August 1944 zog de Gaulle in Paris ein, kurz vorher hatte die russische Offensive in Rumänien begonnen, mit dem Verlust der dortigen Ölfelder verschlechterte sich die Kraftstoffversorgung im Reich rapide. Trotz Höchstleistungen der deutschen Rüstungsindustrie — in keinem Kriegsjahr wurden mehr Panzer, mehr Flugzeuge, mehr Granaten und Patronen produziert als 1944 — war der Zusammenbruch nur noch eine Frage der Zeit.

Nürnberg bot im Sommer 1944 noch immer den Anblick einer weitgehend intakten mittelalterlichen Stadt. Aber die Zahl der Fliegeralarme nahm im Jahr 1944 laufend zu. Von Kriegsbeginn bis zum 31.12.1943 waren es lediglich 81 „Fliegeralarme" oder „Öffentliche Luftwarnungen" gewesen, nun heulten die Sirenen bereits mehrmals in der Woche.

Der 10. September 1944 brachte dann den ersten Tagangriff auf das Stadtgebiet von Nürnberg. 173 Fliegende Festungen vom Typ Boeing B-17G sollten die MAN in Nürnberg bombardieren. Nach Schätzungen alliierter Experten wurden dort pro Jahr 1200 „Panther" Kampfpanzer gebaut, 40 Prozent der geschätzten Gesamtproduktion. Und im Rahmen der strategischen Luftkriegsführung erschien es den Amerikanern leichter, diese Panzer mitsamt ihren Montagehallen und den dazugehörigen Facharbeitern zu vernichten, als sie auf den Schlachtfeldern einzeln abzuschießen, während die Werke im feindlichen Hinterland ungestört weiterproduzierten.

Um 10.48 Uhr wurde in Nürnberg „Fliegeralarm" ausgelöst, wenig später griffen dann die B-17 mit ihren 241 Begleitjägern in acht Wellen an.

Weitere 60 B-17 bombardierten in Fürth zur gleichen Zeit das Flugzeugwerk Bachmann, von Blumenthal & Co.

82 Menschen wurden bei dem Angriff getötet, 366 verletzt. 211 Wohngebäude waren zerstört, 214 schwer, 1365 mittelschwer und etwa 1800 leicht beschädigt.

Die meisten Bomben fielen in das Industriegebiet der Südstadt. Die MAN, das eigentlicheZiel des Bombardements, meldete schwere Spreng- und mittlere Brandschäden. Die „Sonderfertigung" war für drei Tage unterbrochen, anschließend wurde für die Dauer von einer Woche mit einem Produktionsausfall von 30 Prozent gerechnet. TEKADE war ebenfalls getroffen worden, hier hatten die Bomben die Fertigung für Funkgeräteröhren zerstört, 80 Prozent der Gesamtproduktion des Werkes, darunter die Kabelherstellung, waren auf unbestimmte Zeit ausgefallen.

Das Hallerschloß in Gleishammer wurde zerstört, die Peterskirche von Sprengbomben schwer angeschlagen.

Obwohl auf die Altstadt fast keine Bomben fielen, wurden auf der Burg viele Dächer durch Druckwellen abgedeckt.

Der Ansbacher Regierungspräsident meldete am 10.10.1944 in seinem geheimen Stimmungsbericht nach München: „... Auf die Bevölkerung machten die Einflüge einen recht deprimierenden Eindruck, weil außer Flak in Nürnberg keine deutsche Abwehr in Erscheinung trat..."

Nach 13 weiteren Alarmen flogen die Amerikaner am 3. Oktober 1944 wieder einen Tagangriff auf Nürnberg. Bei fast völlig bedecktem Himmel griffen ab 11.15 Uhr 454 B-17 „Flying Fortress" die Stadt in Höhen zwischen 7000 und 8000 Metern an. Da die Bombenschützen die MAN wegen der Wolkendecke nicht visuell anvisieren konnten, warfen sie ihre Bomben auf die Rauchspur von Markierungsbomben, die mit Radar ausgerüstete Pfadfindermaschinen ausgelöst hatten.

Viele Bomben, die eigentlich die Industriegebiete in der Südstadt hätten treffen sollen, pflügten nun auch Teile der nördlichen Altstadt um. Bei dem Angriff wurden 353 Menschen getötet, 1033 verletzt. 518 Wohngebäude mußten total abgeschrieben werden, 738 hatten schwere, 1097 mittelschwere und 4109 leichte Schäden erlitten — so der Bericht des örtlichen Luftschutzleiters.

Sprengbombenteppiche gingen über dem Plärrer, der Gegend um den Albrecht-Dürer-Platz und um den Egidienberg, sowie im Gebiet nördlich des Laufer Schlagturmes nieder. Feuer zerstörte in der südlichen Altstadt große Teile der Johannes- und der Vorderen Sterngasse. Neben den Wohnhäusern vieler namenloser Nürnberger gingen auch 62, damals als „historisch wertvoll" eingestufte Patrizierhäuser verloren, 50 wurden schwer beschädigt. Daneben waren nun aber auch berühmte Gebäude der bislang fast unbeschädigten nördlichen Altstadt getroffen worden. Sprengbomben pulverisierten die Moritzkapelle und das Bratwurstglöcklein. Auf der Burg zerstörten Volltreffer die Otmarskapelle und die Burgverwaltung total, wieder gingen Tausende von Dachziegeln zu Bruch. Die Westfassade des alten Rathauses erlitt schwere Luftdruckschäden. Eine Sprengbombe demolierte das Brautportal von St. Sebald, eine andere traf einen Pfeiler am Ostchor, riß ein Loch ins Mauerwerk und deckte Teile des Daches ab. Auch das Pfarrhaus von St. Sebald wurde durch Druckwellen stark angeschlagen. Beim Dürerhaus riß eine Sprengbombe die Außenwand der Ostseite auf, die Wand mußte später mit Balken behelfsmäßig abgestützt werden. Im Pellerhaus beschädigten Sprengbomben den Innenhof, die Fenster und das Dach. Auch die Fronveste der Pegnitz wurde schwer getroffen, am Laufer Schlagturm brannte der Dachstuhl ab. Das Notdach der Mauthalle erhielt nur leichte Brandbombenschäden. Abgebrannt sind auch der Henkersteg und die Friedenskirche am Palmplatz. Schwere Sprengbombentreffer wurden von der Egidienkirche, vom Weinstadel, Viatishaus, der Jakobskirche und von vielen Stellen der Stadtmauer gemeldet.

Auf dem Reichsparteitagsgelände trafen Sprengbomben das Hilfskrankenhaus „Märzfeld", schwere Schäden erlitten auch die Klinik Hallerwiese und die städtische Frauenklinik. Auf dem Gelände der MAN, der der Angriff eigentlich gegolten hatte, entstanden erhebliche Schäden. Der Betrieb der Reichsbahn wurde durch den Angriff stark behindert.

Bereits am 19.10.1944 war Nürnberg wieder das Ziel eines Bombenangriffs. Diesmal waren 263 Lancaster und 7 Mosquitos der RAF gestartet. Die Hauptmenge der von ihnen abgeworfenen Bomben traf die Südstadt und deren Industriegebiete sowie Teile der Altstadt. 237 Menschen kamen bei dem nächtlichen Angriff um, darunter 65 Kriegsgefangene. 176 Verschüttete konnten vom Instandsetzungsdienst noch lebend aus zerstörten oder verschütteten Kellern gerettet werden. 10383 Nürnberger waren obdachlos geworden, 8500 von ihnen „längerfristig".

Die Gustav-Adolf-Kirche brannte in jener Nacht bis auf die Außenmauern nieder, Sprengbomben fetzten den Chor der Rochuskapelle weg, vom Dach blieb nur noch ein Gerippe übrig. Der örtliche Luftschutzleiter registrierte sie unter der Rubrik „Totalverluste". Brandbomben trafen die St. Theresienkirche schwer, die Christuskirche nur leicht.

Bei der MAN wurden viele Werkhallen völlig vernichtet und auch bei Siemens richteten die Bomben schwere Spreng- und Brandschäden an. Auf dem Rangierbahnhof wurden drei Züge, darunter ein Wehrmachtstransport und ein Zug mit lettischen Flüchtlingen, getroffen; 75 Menschen starben allein hier. Der Zugverkehr war tagelang erheblich behindert.

Nach 62 „Fliegeralarmen" und „Öffentlichen Luftwarnungen" innerhalb von gut fünf Wochen begann in der Nacht vom 25. auf den 26. November 1944 eine Serie britischer Störangriffe auf Nürnberg. Zweimotorige Mosquitobomber flogen in kleinen Pulks an und warfen Sprengbomben oder Luftminen ab.

Am 26. November 1944 erhielt zwischen Nord- und Nordostbahnhof ein Wehrmachtstransport einen Volltreffer. Aus den Trümmern von zwei Waggons zerrten Hilfsmannschaften 55 Tote, 6 Sterbende und 54 Schwerverletzte. Außerdem wurden in der Stadt 5 Gebäude total zerstört, mehrere Menschen getötet.

Bis 18.12.1944 griffen die Mosquitos in unregelmäßigen Abständen an, zerstörten mit ihren „Wohnblockknakkern" u.a. das Kreuzgassenviertel und andere Wohngebiete. Ihre Hauptaufgabe war es wohl, die Nerven der Zivilbevölkerung zu zermartern. In der englischen Luftkriegsliteratur findet sich für solche Einsätze der Ausdruck „Mosquitos on siren tours".

Sirenen in Gang zu setzen war wohl auch die Aufgabe der Piloten, die am 24.12.1944, einem Sonntag, über Nürnberg flogen. Achtmal heulten an diesem Weihnachtstag die Sirenen. Zu Feiern gab es für die Nürnberger eh nicht mehr viel. Die Lebensmittelrationen waren alles andere als üppig, im Westen war die deutsche Ardennenoffensive gestartet worden, ein letzter, aussichtsloser Versuch, den Vormarsch der Amerikaner zu stoppen. Im Osten hatte die Rote Armee den Plattensee erreicht und wenig später Budapest eingenommen.

Noch vor Neujahr flatterte der Neujahrswunsch des „Gauleiters und Reichsverteidigungskommissars" Karl Holz in die heilgebliebenen Haushalte. Darin forderte er seine „Volksgenossen und Volksgenossinnen" auf, zum Kampf „ . . . gegen die größte Gefahr des Luftkriegs — gegen das Feuer. . . . Euer eiserner Wille und Eure tapferen Herzen werden auch in Zukunft die drohenden Gefahren bannen. Es gilt, unserem Führer, dem wir auch im neuen Jahr in unerschütterlicher Treue und tiefster Dankbarkeit dienen wollen, die Stadt der Reichsparteitage zu erhalten, die der Führer ganz besonders liebt. Damit tragen wir unseren Teil mit bei zu dem Sieg. Und so rufe ich Euch an der Schwelle des neuen Jahres erneut auf zur entschlossenen Selbsthilfe im Luftschutz sowie zum mutigen, tapferen Einsatz, wenn es gilt, Gefahren abzuwehren . . ."

Doch noch bevor alle Nürnberger diesen Durchhalteappell gelesen hatten, kamen die „feindlichen Mordbrenner" — so der örtliche Luftschutzleiter Otto Kuschow in seinem Neujahrswunsch an die Bevölkerung — zurück.

Am späten Nachmittag des 2. Januar 1945 waren in Großbritannien 514 Lancaster und 7 Mosquitos zum vernichtenden Schlag gegen Nürnberg gestartet.

Trotz der Schäden durch den amerikanischen Tagangriff vom 3.10.1944 stand dort noch immer jene fast unbeschädigte Altstadt, die für so viele Menschen als „besterhaltene Großstadt des deutschen Mittelalters" galt.

Nach einem Angriff von nur 25 Minuten Dauer, war am 2. Januar 1945 aus dem „Schatzkästlein des deutschen Reiches" eine qualmende Trümmerwüste geworden, in der 1794 Menschen umkamen. Mehr als 3000 Verletzte wurden in den Rettungsstellen des Sanitätsdienstes registriert. Aus den Kellern rauchender Ruinen konnten Männer des Instandsetzungsdienstes und der Technischen Nothilfe noch 652 Menschen lebend ausgraben.

1825 Tonnen Spreng- und 479 Tonnen Stabbrandbomben hatten 4553 Wohngebäude total zerstört, 2047 schwer, 2993 mittelschwer und ca. 7000 leicht beschädigt.

Dazu kamen unersetzliche Schäden an der historischen Bausubstanz der Stadt:

St. Egidien: Schiff und Chor ausgebrannt, das Deckengewölbe größtenteils eingestürzt, die barocke Empore, die Deckengemälde und der größte Teil des prächtigen Stucks vernichtet.

St. Elisabeth: die bereits bei früheren Angriffen angeschlagene Kirche wurde wieder von einer Sprengbombe getroffen. Die Kuppel stürzte ein, die Stukkaturen wurden beschädigt.

Frauenkirche: Säulen und Gewölbe waren nach Sprengbombeneinschlägen eingestürzt.

St. Jakobskirche: Gewölbe des Langhauses und des Chores eingestürzt, auch einige Pfeiler. Die Dilherr- und Egloffsteinkapelle zerstört.

St. Lorenz: zwei weitere Gewölbe des Langhauses eingestürzt, das Notdach wieder beschädigt.

St. Sebald: wieder schwere Sprengbombentreffer am Ostchor, an drei Strebpfeilern und an den beiden Sakristeien. Die Hauptorgel total zerstört, das Dach abgedeckt.

Allerheiligenkapelle am heutigen Willstätter Gymnasium: bis auf die Außenmauern zerstört.

Germanisches Nationalmuseum: Verwaltung, südliche Mauer der Kartäuserkirche, die Geuderkapelle, der östliche Teil des kleinen und der südwestliche Teil des großen Kreuzganges und einige andere Gebäude zerstört. Sprengbombenschäden am Augustinerbau, zwei Stadtmauertürme und der Treppenturm am Wasserhof abgebrannt.

Heilig-Geist-Spital: bis auf das Erdgeschoß heruntergebrannt, ebenso die Heilig-Geist-Kirche. Bei ihr zerstörten Sprengbomben noch zusätzlich den Chor, das südliche Seitenschiff und die Arkaden.

Katharinenkloster: vom Klostergebäude mit seinem Kreuzgang standen nur noch die Außenmauern, die Katharinenkirche brannte ebenfalls völlig aus, alle Fresken waren vernichtet, ein Teil der Außenmauern eingestürzt.

Burg: Palas und Brunnenhaus ausgebrannt, die Kemenate ausgebrannt und eingestürzt. Ein Raub der Flammen auch die Kaiserstallung, der Luginsland fast völlig zerstört.

Rathaus: völlig ausgeglüht, der große Saal vernichtet, der Wolffsche Bau an der Nordseite durch Sprengbombentreffer zu zwei Dritteln vernichtet.

Mauthalle: wieder schwer getroffen, das Notdach bis auf einen kleinen Rest abgebrannt, ein weiterer Teil des beschädigten Ostgiebels eingestürzt, ebenso ein Stück der südlichen Außenmauer.

Die Liste läßt sich fast endlos fortsetzen. Alte Stadtwaage in der Winklerstraße: ausgebrannt. Alte Schau am Rathausplatz: von Sprengbomben zerfetzt. Fleischhaus am Hauptmarkt: ausgebrannt, das weitgehendst erhaltene Mauerwerk wurde erst 1959 abgebrochen. Zerstört waren außerdem: Das Waizenbräuhaus in der Karl-Grillenberger-Straße (Ruine Ende der fünfziger Jahre abgebrochen), das ehemalige Zeughaus in der Pfannenschmiedsgasse, der Peststadel (Reste in den sechziger Jahren abgebaggert).

In der Lorenzerstraße brannte das schon früher angeschlagene alte Schauspielhaus ab, in der Pfannenschmiedsgasse das Hotel Wittelsbach mit dem Apollo-Theater. Das Stadtparkrestaurant ging in Flammen auf.

Auch das schwer angeschlagene Dürerhaus drohte abzubrennen. Am Egidienberg vernichteten Brandbomben das Pellerhaus, vielleicht das bedeutendste Nürnberger Bürgerhaus überhaupt. Die prächtige Fassade brach bis auf einen Rest im Erdgeschoß zusammen, lediglich Teile des Hofes und der Arkaden blieben stehen. Die reiche Innenausstattung verbrannte, nur zwei Vertäfelungen, die vorsorglich ausgelagert worden waren, überstanden den Krieg.

In Trümmern lagen Viatishaus und Plobenhof, Kutscherhof und Norisstift, Weißer Turm, Laufer Schlagturm, der Schuldturm auf der Vorderen Insel Schütt und das Nassauer Haus. Das Toplerhaus in der Unteren Söldnergasse war vernichtet (Ruine erst nach dem Krieg abgebrochen), ebenso der Hirsvogelsaal in der Hirschelgasse (Ruine 1946/47 abgetragen), das Pickerthaus am Albrecht-Dürer-Platz, das Scheuerlsche Haus in der Burgstraße, am Paniersplatz der Hertelshof und das Grolandshaus (beide Ruinen ebenfalls erst nach dem Krieg abgebrochen) und der Welserhof in der Theresienstraße.

Alles in allem war der 2. Januar 1945 für die Nürnberger Altstadt ein „Holocaust“, der vernichtete, was in 900 Jahren Stadtgeschichte gewachsen war. Die Stadt mußte an diesem Tag einen Teil ihrer Zeche für den durch Hitler vom Zaun gebrochenen Krieg bezahlen.

Aber auch außerhalb der Altstadt waren die Schäden groß: schwer getroffen u. a. das Siemens-Schuckert-Werk in der Landgrabenstraße, die Dynamit AG im Kirchenweg und die Süddeutsche Apparatefabrik. Anscheinend endlos die Liste der zerstörten oder angeschlagenen Firmen und Handwerksbetriebe. Von der MAN über TEKADE in der Nornen- und Schwabenstraße über Nüral bis zur Nürnberger Schraubenfabrik, dem Brauhaus und der Tucherbrauerei. Fast alle Betriebe, die einmal für Nürnberger Erfindergeist und Arbeiterfleiß gestanden waren, lagen in Trümmern. Ebenso die Anlagen der Reichsbahn, angefangen beim Hauptbahnhof. Auch die meisten Dienststellen der Stadtverwaltung waren bei dem Angriff verwüstet worden, vom Rathaus über das Luftschutzamt bis zur Kartenstelle. Alles lag in Trümmern. Auch Gaswerk, Straßenbahn, Strom- und Wasserversorgung waren schwer angeschlagen, ebenso die Post und der Rundfunk.

Insgesamt meldete der örtliche Luftschutzleiter in seinem Abschlußbericht einen Flächenbrand, zwei Blockbrände, 1194 Groß-, 851 Mittel- und 1070 Kleinbrände.

Zur Schadensbekämpfung kamen unzählige Hilfskräfte: Freiwillige Feuerwehren der 15-km-Löschhilfszone ebenso wie LS-Abteilungen (mot.) und Feuerschutzpolizeiabteilungen (mot.), Männer der Technischen Nothilfe, Löschgruppen von Post und Bahn, Werkluftschutzkräfte, Männer vom Reichsluftschutzbund und von der Organisation Todt, Hilfskräfte der NSDAP, der SA, der Frauenschaft und der Hitlerjugend, „fremdvölkische Arbeitskräfte" der Deutschen Arbeitsfront und wie bei fast allen Angriffen Tausende von Kriegsgefangenen.

Die Wehrmacht stellte vom 3. bis einschließlich 16. Januar 1945 täglich 7200 Mann Hilfskommandos, und das zu einer Zeit, als die Russen bereits an der Oder standen.

Für die Briten war der Angriff vom 2. Januar 1945 „a near perfect example of area bombing" — so ein britischer Historiker.

Der Regierungspräsident in Ansbach verzeichnete in seinem geheimen Stimmungsbericht für den Januar 1945 „eine tiefe Niedergeschlagenheit, . . . wie sie bis jetzt noch nie zu verzeichnen war." Und über die unmittelbaren Folgen des Angriffs schrieb er nach München: „. . . Während bei früheren Angriffen durch Einzeltreffer Einzelverluste in der Substanz der Nürnberger Altstadt eintraten und dadurch das Gesamtbild der Stadt in ihren wesentlichen und charakteristischen Formen erhalten blieb, wurden durch den Terrorangriff vom 2. Januar 1945 fast ausnahmslos alle Gebäude, Plätze und Straßen zerstört, die den einmaligen Begriff „Alt-Nürnberg" bildeten. Insbesondere in der von späteren Zutaten fast völlig verschonten nördlichen Altstadt ist mit Ausnahme einer kleinen Zone im Westen das mittelalterliche Nürnberg vernichtet worden . . ."

Aber der 2. Januar 1945 war noch lange nicht das Ende des Luftkrieges gegen Nürnberg: die Bomber nahmen schon im Januar und Februar wieder Kurs auf Nürnberg. Es folgten mehrere Störangriffe durch britische Mosquito-Bomber, die alle keine größeren Schäden verursachten.

Am 20. Februar 1945 startete aber dann in Großbritannien die größte Bomberflotte, die je gegen Nürnberg eingesetzt war: 1264 viermotorige B-17 und B-24 der 8. amerikanischen Luftflotte. Über Belgien mußten jedoch alle 360 B-24 wegen Schlechtwetter ihren Einsatz abbrechen und zu ihren Flugplätzen zurückkehren. Die restlichen 831 B-17 erreichten gegen 12.30 Uhr Nürnberg. Ihr Ziel: der Hauptbahnhof und der Rangierbahnhof. Beide sollten im Rahmen der Operation „Clarion" (Zerschlagung des deutschen Bahnnetzes) ausgeschaltet werden.

Wegen einer dichten Wolkendecke über Nürnberg mußten sich die meisten Bombenschützen auf die nach Radaranzeige abgeworfenen Rauchmarkierungen der Pfadfinder verlassen. Entsprechend verstreut lagen die Einschläge über dem ganzen Stadtgebiet, gehäuft allerdings in der Nähe der Bahnanlagen und in der Südstadt. Noch während des Angriffs wurden wieder auswärtige Luftschutzkräfte alarmiert, die die ganze Nacht hindurch im Löscheinsatz standen. Im Gebiet um den Zollhof gelang es mit Mühe, einen Flächenbrand zu verhindern.

Doch anders als bei früheren Angriffen gab es am nächsten Tag keine Verschnaufpause.

Am 21. Februar 1945 um 10.40 Uhr heulten wieder die Sirenen. Diesmal waren 1205 Bomber im Anflug. Ihre Ziele waren wieder Haupt- und Rangierbahnhof. Und auch am 21. Februar 1945 wurde wieder das ganze Stadtgebiet getroffen. Schwerpunkte lagen in Gostenhof, St. Johannis und in der Nähe der Bahnanlagen.

Bei dem Doppelangriff wurden 1356 Menschen getötet, fast 70 000 Nürnberger wurden obdachlos.

Zerstört wurden nun auch die letzten intakten Teile der westlichen Altstadt, das Gebiet um den Jakobsplatz und die letzten Häuser auf der Vorderen Insel Schütt. Wieder schwer beschädigt wurde die Lorenzkirche. Im Germanischen Nationalmuseum erhielt das Vorgeschichtsgebäude einen Bombentreffer, Teile des Gallerieflügels brannten aus. Am 21. Februar stürzten der Ostchor und das nördliche Seitenschiff der Sebalduskirche ein. Auch die Städtischen Krankenanstalten und das Sebastianspital waren getroffen.

Die großen Industriebetriebe in der Südstadt wie MAN, Siemens und Nüral wurden wieder mit Bomben belegt, ebenso zahlreiche kleinere Firmen.

Die Reichsbahn brauchte bis zum 6. März, um auch die letzte, nach dem Angriff gesperrte Strecke, wieder befahrbar zu machen.

Die Lösch- und Bergungsarbeiten zogen sich über mehrere Tage hin. Am späten Abend des 22. Februar 1945 drohte das Dürer-Haus abzubrennen, die Selbstschutzkräfte dort konnten die Flammen nicht mehr unter Kontrolle bringen, andere Löschkräfte waren nicht verfügbar. Dem Oberleutnant der Feuerschutzpolizei, Hahn, gelang es schließlich doch noch, sich eine Löschgruppe zu erbetteln, mit der er das Haus retten konnte.

Am 24. Februar endlich waren alle Feuer aus.

Nach zwei Störangriffen Ende Februar und Anfang März 1945 verschonten die Bomber Nürnberg, obwohl sich nun die Alarme jagten. An manchen Tagen gab es fünf und mehr „Kleinalarme“ oder „Fliegeralarme“, so auch am 16. März 1945. Nach dem sechsten „Kleinalarm“ folgte um 20.53 Uhr „Fliegeralarm“. 231 Lancaster und 16 Mosquitos bombardierten Nürnberg, weitere 236 Bomber vernichteten fast zur gleichen Zeit die bis dahin verschonte Würzburger Innenstadt. 4000 Menschen starben dort im flammenden Inferno.

In der Nürnberger Südstadt gingen ganze Wohnblöcke in Flammen auf, besonders in Steinbühl, Gostenhof und Galgenhof. Schwere Brände wurden aber auch aus Muggenhof, St. Peter, Thon, Schnepfenreuth und Poppenreuth gemeldet.

Auf den Tag genau vier Wochen vor dem Heranrücken der Amerikaner, starben bei diesem Luftangriff nochmals 517 Menschen. Auch in der Altstadt brannte es wieder, die Klarakirche brannte nieder, die Elisabethkirche erlitt erneut Brandschäden, im Germanischen Nationalmuseum brannten der obere Saal des Südwestbaues, der östliche Wehrturm und das alte Direktionsgebäude aus. Die Heilig-Kreuz-Kirche in der Johanisstraße wurde durch Sprengbomben bis auf Reste des Chores und des Langhauses eingeebnet. Die Ausstattung war schon früher in Sicherheit gebracht worden und blieb erhalten. Und schließlich gingen unterhalb der Burg nochmals Häuser in Flammen auf, die bislang fast unbeschädigt geblieben waren.

Bei weiteren britischen Störangriffen, wurde am 19. März 1945 die Frauenklinik durch eine Luftmine noch einmal schwer beschädigt, ebenso das Verwaltungsgebäude der Siemens-Schuckert-Werke.

In den letzten Märztagen und Anfang April 1945 standen die wenigen noch funktionstüchtigen Luftschutzsirenen nicht mehr still. „Kleinalarm“ folgte auf „Kleinalarm“.

Am 5. April 1945 nahmen wieder amerikanische B-17 Kurs auf Nürnberg. 271 Maschinen sollten den Hauptbahnhof bombardieren. Der größte Teil ihrer Bomben traf aber nicht den Gleiskörper, sondern die Wohngebiete unmittelbar südlich des Bahnhofs. Weitere 37 B-17 bombardierten den Rangierbahnhof, 13 B-17 Fürth und 59 B-17 den Behelfsflugplatz Unterschlauersbach.

Unter den 197 Toten dieses Angriffes waren auch 24 kriegsgefangene amerikanische Offiziere.

Fehlgegangene Sprengbomben zerstörten den Chor, der bereits früher ausgebrannten Frauenkirche und die Landebahn des Flugplatzes am Marienberg.

Am 8. April 1945 erfolgte der letzte amerikanische Angriff. 89 B-24 Liberator bombardierten noch einmal das, was vom Flugzeugwerk Bachmann, von Blumenthal & Co. in Fürth noch übriggeblieben war.

Neben den Bombern waren nun in den letzten Kriegstagen ständig Tiefflieger am Himmel zu sehen. Beinahe täglich schossen sie mit ihren überschweren Maschinengewehren auf alles, was sich bewegte, auch das Stadtgebiet von Nürnberg wurde nicht mehr verschont. Am 5. April 1945 griffen sie einen Nürnberger Rotkreuztransport auf der Fahrt von Ansbach nach Herrieden an, am 8. April eine Flakstellung bei Zollhaus, am 10. April 1945 das Reichsbahnausbesserungswerk in der Austraße.

Einen Tag später, am 11. April 1945, erfolgte der letzte Bombenangriff auf Nürnberg. Am hellen Nachmittag flogen 143 Bomber der Royal Air Force ihren ersten und einzigen Tageinsatz gegen Nürnberg. Ihr Ziel: der Rangierbahnhof. Die Altstadt blieb unversehrt, aber in den Wohngebieten um den Rangierbahnhof und auf dem Bahngelände starben nochmal 74 Menschen.

Zwischen Pegnitz und Egidienberg (8. Mai 1945).

Fünf Tage später, am 16. April 1945, erreichten amerikanische Panzerspitzen in Erlenstegen die Stadtgrenze, am späten Nachmittag bereits hatten die Amerikaner kampflos Buchenbühl und die Rangierbahnhofsiedlung besetzt.

Am Morgen des 17. April 1945 eröffnete amerikanische Artillerie das Feuer auf die Stadtmitte. Dorthin hatten sich die letzten deutschen Verteidiger zurückgezogen. Gegen Mittag rückten Infanterie und Panzer auf die Stellungen der Deutschen vor.

Nochmals gingen Gebäude in Flammen auf, die das Inferno der Bombenangriffe überstanden hatten. Im Germanischen Nationalmuseum trafen Granaten das Bibliotheksgebäude, den Südwestbau und den östlichen Flügel des großen Kreuzganges, der teilweise einstürzte. Die Ruine der Frauenkirche erhielt nochmals Treffer auf Chor, Sakristei und Nordmauer, bei der Lorenzkirche beschädigten Artilleriegeschosse die Türme, das Langhaus und das Notdach über dem Ostchor.

Am schlimmsten wurde die Sebalduskirche getroffen. Buchstäblich in letzter Minute setzten Granaten die beiden bis dahin noch relativ unbeschädigt gebliebenen Türme in Brand, die Glocken stürzten herab, der Engelschor wurde beschädigt. Während die Amerikaner auf dem Hauptmarkt am 20. April 1945 ihre Siegesparade abhielten, quollen aus den Türmen dunkle Rauchwolken — ein düsteres Schlußsignal.

Bei den Bodenkämpfen um Nürnberg waren nochmals 371 Zivilpersonen umgekommen, ferner 311 Wehrmachts- oder Polizeiangehörige.

Vom einstigen „Schatzkästlein des deutschen Reiches“ war nur noch wenig übrig. 50% der Wohngebäude (14 690) waren total zerstört oder schwer beschädigt, zwei Drittel aller öffentlichen Bauten (594) vernichtet oder schwer angeschlagen. Mittel bzw. leicht beschädigt waren weitere 38% der Wohngebäude (12 397) und 28,3% der öffentlichen Bauten (269).

Kaum ein größeres Gebäude in der Altstadt war unbeschädigt, viel trotzdem noch erhaltene historische Bausubstanz wurde noch bis in die siebziger Jahre hinein abgebrochen, dem „städtebaulichen Fortschritt“ geopfert.

Statistiker haben nach dem Krieg errechnet, daß auf jeden Nürnberger theoretisch 25,3 Kubikmeter Trümmerschutt gekommen sind. Das war doppelt soviel wie in Berlin (12,7) und immer noch mehr als in Hamburg (20,9). Mehr Schutt auf einen Einwohner hochgerechnet, hat es nur noch in Kassel (26,7), Dortmund (30,9) und in Köln (31,2) gegeben.

Georg Wolfgang Schramm

Altstadt, 21. März 1945.

Ergänzende Literaturhinweise

Hartwig Beseler, Niels Gutschow: Kriegsschicksale deutscher Architektur. Verluste-Schäden-Wiederaufbau. Eine Dokumentation für das Gebiet der Bundesrepublik Deutschland. Band II: Süd. Neumünster 1988.

Konrad Fries und Julius Lincke: Der Kunstluftschutz in der Stadt Nürnberg während des Zweiten Weltkrieges. In: Mitteilungen des Vereins für Geschichte der Stadt Nürnberg. 66. Band. Nürnberg 1979.

Friedhelm Golücke: Schweinfurt und der strategische Luftkrieg. Der Angriff der US Air Force vom 14. Oktober 1943 gegen die Schweinfurter Kugellagerindustrie. Paderborn 1980.

Utho Grieser: Himmlers Mann in Nürnberg. Der Fall Benno Martin. Eine Studie zur Struktur des Dritten Reiches in der „Stadt der Reichsparteitage". Nürnberg 1974.

Walter Herppich: Das unterirdische Nürnberg. Von „geheimen Gängen" und Felsengewölben. Nürnberg 1987.

Erhard Klöss: Der Luftkrieg über Deutschland 1939-1945. München 1964.

Franz Kurowski: Luftkrieg über Deutschland. Düsseldorf, Wien 1977.

Martin Middlebrook: Die Nacht in der die Bomber starben. Der Angriff auf Nürnberg und seine Folgen für den Luftkrieg. Frankfurt, Berlin, Wien 1976.

Erhard Mossack: Die letzten Tage von Nürnberg. Nürnberg 1952.

Erich Mulzer: Die Zerstörung der Nürnberger Altstadt im Luftkrieg. In: Nürnberger Altstadtberichte Nr. 4 (1979).

Fritz Nadler: Ich sah wie Nürnberg unterging. Tatsachenberichte und Stimmungsbilder aus bittersten Notzeiten. Nürnberg 1955 und 3. erw. Auflage Nürnberg 1972.

Fritz Nadler: Eine Stadt im Schatten Streichers. Bisher unveröffentlichte Tagebuchblätter, Dokumente und Bilder vom Kriegsjahr 1943. Nürnberg 1969.

Georg Wolfgang Schramm: Der zivile Luftschutz in Nürnberg 1933-1945. Nürnberg 1983.

Georg Wolfgang Schramm: Bomben auf Nürnberg. Luftangriffe 1940-1945. München 1988.

„Jahrtausendblick" von der Burgfreiung über St. Egidien zum Norikusbau.

Otto Peter Görl

Der Wiederaufbau

Vorbemerkung

Nürnberg besaß, seit dem Mittelalter fast unverändert erhalten geblieben, wie keine zweite deutsche Großstadt, noch die gesamte Wehrumwallung mit Stadtgraben, Wehrmauern, Zwinger und Türmen und bot mit den gotischen Kirchen, den großen kommunalen Bauten, Stiftungen, Patrizier- und Bürgerhäusern, bekrönt von der Kaiserburg, ein einmaliges Stadtbild dar. Es klingt daher wie selbstverständlich, daß Enea Silvio Piccolomini, später Papst Pius II., bereits um 1450 schreiben konnte: „Wenn man aus Niederfranken kommt und diese herrliche Stadt aus der Ferne erblickt, so zeigt sie sich in wahrhaft majestätischem Glanze, der beim Eintritt in ihre Tore durch die Schönheit ihrer Straßen und die Sauberkeit ihrer Häuser sich bewahrheitet. Die Kirchen zu St. Sebald und St. Lorenz sind ehrwürdig und prachtvoll, die Kaiserliche Burg blickt fest und stolz herab, und die Bürgerhäuser scheinen für Fürsten erbaut. Wahrlich, die Könige von Schottland würden wünschen, so gut wie die mittleren Bürger von Nürnberg zu wohnen".

Ein verheerender Bombenangriff verwandelte 1945 die Altstadt in eine rauchende Trümmerwüste. Damit endete eine neunhundertjährige, nicht unterbrochene städtebauliche Entwicklung, ein Einschnitt war geschehen, der das Überleben der geschichtlichen Stadt in Frage stellen mußte. Nie lag die Stadt in ihrer langen Geschichte schlimmer am Boden.

Zutreffend schrieb Alfred Kerr 1945: „Nürnberg . . . Das war eine Stadt — und es ist eine Schutthalde. Das war gemütlich-bürgerlich — und ist ein Grauen. Ein Grauen ohne Tragik; nur noch was Unangenehmes. Eine Ruppigkeit. Eine Häßlichkeit. Eine Trostlosigkeit . . . Eine Schutthalde. In den ‚Meistersingern von Nürnberg' klang es behaglich, friedvoll: ‚Wie duftet doch der Flieder . . .' Es hat sich ausgeduftet!" Und weiter fährt er fort: „So, daß im ersten Augenblick der Gedanke nicht abwegig erscheint: dies Trümmertal seinem Zustand zu überlassen - und ein neues Nürnberg nebenan zu erbauen. Sind das Wahnbilder? . . . Traumideen? . . . Das alte Nürnberg wäre dann eine Sehenswürdigkeit . . . wie Pompeji, wie Rothenburg; oder wie das erschütternde Timgad in Nordafrika. Ein Pilgerziel für die Fremden . . . ein Mahnmal für den Frieden und gegen den Krieg! . . . Was vorläufig in Nürnberg drükkender ist als Nürnberg, sind die Nürnberger. Frische Gesichter sah ich nicht. Eine Last liegt auf den Leuten. Vielleicht ist ihr allzu williges Ergebensein die Folge davon. Diesen Eindruck hat ein Außenseiter von ihrem tonlosen Gehab'. Es ist, als lebten sie in der unteren Stadt mit der stumpfen Empfindung, daß es eine Obere gibt — von deren Vorhandensein sie immer wissen. Ja, als ob sie mit halbem Ohr immer auf etwas horchten; ohne es zu merken. Es horcht in ihnen."

Nürnberg und die Nürnberger ließen sich nicht unterkriegen, der Wille, die Stadt wieder aufzubauen, war da. Und wo ein Wille ist, findet sich auch ein Weg. Aber welcher Weg? Die Frage nach der Art des Wiederaufbaus der Altstadt bildete das zentrale Thema. Bürgerschaft, Stadtrat und Verwaltung waren sich bewußt, daß die Ziele nicht allein vom Funktionalen bestimmt sein konnten, Werte des städtischen Selbstverständnisses und der Stadtindividualität einzubeziehen waren. Eine Entscheidung von unerhörter, geschichtlicher Bedeutung für Nürnberg war zu treffen.

Heute ist Nürnberg eine Halbmillionenstadt mit reizvollen Kontrasten, die das Mittelalter und die Neuzeit spiegeln, eine Stadt im Wechselspiel von Geschichte und Gegenwart. Die Altstadt wurde so wiederaufgebaut, daß noch einmal das mittelalterliche Bild entstand. Nürnberg hielt an seinem unverwechselbaren Antlitz fest, in dem ein mehr als neunhundertjähriges bewegtes Leben seine Furchen eingegraben hat. Reichtum, Würde und Macht einer freien Reichsstadt, die sich in Bauten, im Geist und im Lebensstil der deutschen bürgerlichen Gotik geradezu klassisch äußerten, lassen sich auch heute noch und wieder ahnen.

Der Wiederaufbau der Altstadt ist weitgehend abgeschlossen. Die Gegenwart bestätigt die Stadt als Prozeß, neue Konflikte aus Zeitgeist und städtischer Nutzungsvielfalt tauchen auf und leiten eine neue Phase der Stadtentwicklung ein. Für eine Bilanz des Wiederaufbaus scheint somit der rechte Zeitpunkt zu sein.

Entwicklung der Altstadt Nürnbergs bis 1945

Um Art und Weg des Wiederaufbaus der Nürnberger Altstadt zu verstehen, muß man die Geschichte und ihre steingewordenen Zeugen der Stadt kennen, die 1945 in Trümmer sank.

Einzigartig war der Blick von der Burgfreiung auf das Gewirr spitzgiebeliger Dächer und Türme, aus dem, wie aus einem Meer, die Schiffe der beiden Hauptkirchen, St. Lorenz und St. Sebald, herausragten. Der Überschwang der Romantik prägt das Wort von „des deutschen Reiches Schatzkästlein", das bei dem Reichtum an Kunstschätzen, der Vielfalt an Bauformen — reichverzierten, Höfen, Erkern, Chörlein, Brunnen und Hausfiguren — nicht unberechtigt war.

Neben Holz wurde für alle Großbauten Sandstein verwendet, der nur wenige Wegstunden vor den Toren der Stadt gebrochen wurde. Durch strenge Bauvorschriften entstand ein einheitliches, aber keineswegs monotones Stadtgefüge. Die Häuser zeigten die Traufseite zur Straße, drei-, höchstens viergeschossige Häuser waren gestattet. Die oft engen und dem Gelände angepaßten Straßen waren teilweise platzartig erweitert, so daß die Stadt als Abfolge verschieden gestalteter Freiräume erlebt wurde. Die beiden Hauptkirchen beherrschten das Stadtbild, dem neben Burg, Kirchen, Klöstern und der türmereichen Stadtmauer große Kornspeicher mit hohen, steilen Giebeldächern sein Gepräge gaben.

Nürnbergs Altstadt hat sich als architektonisches Ganzes frühzeitig zu der bedeutenden und charaktervollen Gestalt entwickelt, in der sie uns heute noch vor Augen steht. Schon im Zeitalter Dürers war die Stadt — Altstadt — in ihrem äußeren Umfang und in ihrem wesentlichen Bestand an Bauten abgeschlossen. Was in späteren Zeiten noch hinzukam, konnte das architektonische Bild zwar bereichern, aber weder die Gesamtform noch den architektonischen Ausdruck entscheidend beeinflussen.

So konnte Philipp Melanchthon, 1526, bekennen: „Eure Stadt hat sich schon längst durch Reichtum, Gebäude und kunstreiche Meister so ausgezeichnet, daß man sie mit Recht jeder der hochberühmten Städte des Altertums an die Seite stellen kann. Und keine andere deutsche Stadt hat bisher so gelehrte Bürger gehabt, weil sie ihre Kenntnis der höchsten Wissenschaften im Dienst des Stadtregimentes anwendeten, haben sie es dahin gebracht, daß diese Stadt über die anderen in Deutschland weit hervorragt."

Nur wenig später schrieb Martin Luther: „Nürnberg leuchtet wahrlich in ganz Deutschland wie eine Sonne unter Mond und Sternen."

Letzter Höhepunkt reichsstädtischer Bautätigkeit war der große Rathausbau kurz vor dem 30jährigen Krieg.

Mit dem Ende der freien Reichsstadt und der Einverleibung Nürnbergs in das Königreich Bayern begann eine Epoche, deren Architektur den feinen und zurückhaltenden Maßstab der mittelalterlichen Stadt vermissen ließ, ihn aber nicht wesentlich beeinträchtigen konnte.

Und so konnte der Romantiker Wilhelm Heinrich Wackenroder schwärmen: „Nürnberg! Du vormals weit berühmte Stadt! Wie gerne durchwanderte ich deine krummen Gassen, mit welcher kindlichen Liebe betrachtete ich deine altväterlichen Häuser und Kirchen, denen die feste Spur von unserer alten vaterländischen Kunst eingedrückt ist. Wie innig lieb ich die Bildungen jener Zeit, die eine so derbe, kräftige und wahre Sprache führen! Wie ziehen sie mich zurück in jenes graue Jahrhundert, da du Nürnberg die lebendig wimmelnde Schule der vaterländischen Kunst warst und ein recht überfließender Kunstgeist in deinen Mauern lebte und webte."

Nürnbergs Stadtbild zeigte eine kraftvolle und selbstbewußte Physiognomie. Die Burg als hochaufragende Stadtkrone ist ein Beispiel herber Schönheit mittelalterlichen Wehrbaus, im Gegensatz breit und horizontal gelagert das Meer der Häuser, der Schutzbauten. Die berühmt gewordene Stadtsilhouette und die städtebauliche höchst wirksame Ringbefestigung grenzen eine eigenständige, geschlossene Stadtgestalt ab, deren Wirkung auf der Kleinteiligkeit und Feingliedrigkeit des Maßstabes der Gebäude mit ihren prägenden Dächern, auf der dominierenden Lage der Burg und auf den skulpturhaften Gestalten der beiden Hauptkirchen beruht. Ein Stadtbild, kaum glaubhaft mehr in seiner Versonnen- und Versponnenheit.

Die Zerstörung im Jahre 1945

Am 2. Januar 1945 fiel die Altstadt Nürnbergs einem verheerenden Spreng- und Brandbombenangriff zum Opfer, sie schien mit ihren Baudenkmälern durch die sinnlose Zerstörung fast völlig ausgelöscht. Die Bevölkerungszahl der Gesamtstadt sank von rund 423000 auf etwa 195000 Einwohner, von den früher vorhandenen rund 125000 Wohnungen waren etwa 60000 vollkommen zerstört und etwa 51000 mittel bis schwer beschädigt. Die noch stehengebliebenen, aber sicherheitsgefährdenden Mauern mußten abgebrochen und der Trümmerschutt abgefahren werden, so daß sich weite Ruinenflächen darboten. Eines dieser Gebiete, das sich von der Frauenkirche am Hauptmarkt ostwärts bis zur Stadtmauer ausdehnte, einsam überragt von dem erhalten gebliebenen Denkmal des Hans Sachs, war von Trampelpfaden durchzogen und von der charakteristischen Trümmerflora bewachsen, so daß es im Volksmund die „Steppe" genannt wurde. Das Ausmaß der Zerstörung war unvorstellbar, der Anblick so deprimierend, daß man an einem Wiederaufbau begründet zweifeln mußte. „Irreführend wäre das Wort ‚Ruinen', denn da denkt man immerhin an gewesene Behausungen. Dies aber ist dem Staub näher als der billigen Vorstellung zerrissener Wände, so daß im gegenwärtigen Augenblick der Gedanke nicht abwegig erscheint, dieses Trümmerfeld seinem Zustand zu überlassen und ein neues Nürnberg nebenan zu erbauen." (Alfred Kerr.) Kein Wort war übertrieben, für die Nürnberger Altstadt schlug die Stunde 0.

Der Wiederaufbau der Altstadt

Auch anderen deutschen Großstädten blieb eine vergleichbare Zerstörung nicht erspart. Selten aber griff sie so an den Nerv des städtischen und bürgerlichen Selbstverständnisses und Selbstbewußtseins wie in Nürnberg. Hier ging mit der Altstadt ein architektonisches Kunstwerk höchsten Ranges unter, in dem sich bürgerliches Heimatgefühl und äußere Anziehungskraft gleichermaßen konkretisiert hatten. Die Frage nach der Art des Wiederaufbaus wurde hier deshalb mit besonderer Intensität gestellt und mit besonderer Sorgfalt beantwortet. Die Stadt hat ihr kulturelles Erbe zu keiner Zeit aus den Augen verloren, sich frühzeitig darauf besonnen, ihre Vergangenheit in die Zukunft einzubringen.

Schon kurz nach dem Kriege, im Jahre 1947, fand eine Umfrage in der Bevölkerung statt, mit dem Thema „Tausend Gedanken zum Wiederaufbau". Trotz der damals herrschenden Not, trotz Elend und privater Sorgen der Menschen dieser Zeit, trotz der Aufnahme eines Heeres von Flüchtlingen gingen mehr als 1100 Zuschriften ein, eine erste und große Bürgerinitiative. Oft stand die Frage der Beseitigung des Trümmerschutts im Vordergrund, mancher hätte gern den kürzesten Transportweg gewählt und den Stadtgraben vollgekippt, bei den Sorgen der Zeit gar kein so abwegiger Gedanke.

Die Vorstellungen über die Art und Gestaltung des

Wiederaufbaus gingen weit auseinander, die verschiedensten Vorschläge wurden erörtert. Allen Ernstes wurde diskutiert, die zerstörte Altstadt als „Mahnmal gegen den Wahnsinn des Krieges“ wie ein zweites Pompeji in Ruinen liegenzulassen; abgesehen von der Aufgabe materieller Werte wäre natürlich ein Vakuum solcher Größe im Mittelpunkt einer Großstadt unmöglich gewesen. Vorgeschlagen wurde, unter Ausmerzung von Bausünden vergangener Jahrzehnte, ein historisch getreues „Alt-Nürnberg“, die Altstadt echter und schöner als vorher, wiederaufzubauen. Vertreten wurde auch die Auffassung, den durch die Jahrhunderte gewachsenen Stadtgrundriß mit seinen Straßenzügen, den Ver- und Entsorgungsleitungen und mit seiner Grundstücksaufteilung aufzulassen und an einem neuen rasterförmigen Straßennetz Geschäftshäuser und Wohnzeilen zu errichten.

Langsam begannen die Bürger und die verantwortlichen Männer an der Stadtspitze klarer zu denken. Als das Ausmaß der Zerstörung, aber auch die noch restaurierbaren Ruinen und leichter beschädigten Gebäude erst einmal erfaßt waren, lag eine brauchbare Grundlage für die weitere Arbeit vor. Die alten Bürger- und Handwerkshäuser waren zu 90 Prozent verloren. Ein großer Teil der städtebaulich wichtigen Baudenkmäler, so auch die Stadtmauer, wies aber noch so viel Substanz auf, daß an eine Wiederherstellung gedacht werden konnte. In einem Bestandsplan wurden alle erhaltenen oder erhaltenswerten Baudenkmäler gekennzeichnet, eine dünne Perlenschnur vom Frauentor über die Mauthalle, Lorenzkirche, Frauenkirche, Sebalduskirche zur Burg, darin einige Edelsteine wie das Germanische Nationalmuseum, das Heilig-Geist-Spital, der Egidienplatz, das Dürerhaus. Die Stadtmauer bildete die brüchige Fassung dieser traurigen Überreste.

Noch im Jahr 1947 wurde ein städtebaulicher Ideenwettbewerb ausgeschrieben, der die grundsätzlichen Fragen des Wiederaufbaus der Altstadt-Struktur, Verkehr, Versorgung, Architektur klären sollte. Der für alle deutschen Architekten offene Wettbewerb enthielt für die Teilnahme keine Bindung, 188 Architekten ließen ihrer Fantasie freien Lauf. Aufgabe war die architektonische Gestaltung von Plätzen und Straßenzügen sowie von neuanzulegenden Verkehrsverbindungen und die Neuplanung, Neugestaltung und Sanierung zerstörter Stadtteile.

Die Jury ließ sich von der Erkenntnis leiten, daß ein Wiederaufbau unter Anlehnung an die alte Stadtstruktur wohl der beste Weg zu einem Nürnberg der Gegenwart und der Zukunft sei. Als Hauptgesichtspunkte wurden herausgestellt:

— Dank des Stadtmauerrings kann die Altstadt als völlig selbständiges städtebauliches Element der Gesamtstadt betrachtet werden. Obwohl viele der einst berühmten Bauwerke durch Totalschaden verloren waren, können durch Wiederherstellung auch schwerstbeschädigter Baudenkmale die städtebaulichen Akzente geschaffen werden, denen sich die anschließende Neubebauung maßstäblich und materialmäßig unterzuordnen hat. Im Altstadtbereich dürfen Hochhäuser nicht errichtet, modernistische Bauexperimente nicht durchgeführt werden.
— Trotz einiger Verkehrsverbesserungen im Detail sollte der Altstadtgrundriß mit seinen topographisch gut geführten Straßen nicht aufgegeben werden. Die um die Ringmauer verlaufende Ringstraße ist so auszubauen, daß Durchgangsverkehr von der Innenstadt möglichst abgehalten wird. Neue Verkehrstraversen wären ein Kardinalfehler im strukturellen Aufbau der Altstadt.
— Die Verkehrsverbindung zwischen den beiden Altstadthälften ist zu verbessern, der Hauptmarkt als „Gute Stube“ durch einen neuen Straßenzug über den Obstmarkt von Fahrverkehr zu entlasten.
— Im Zuge der vorletzten Stadtumwallung wird zwischen Mauthalle und Elisabethkirche eine neue Geschäftsstraße angelegt.
— Entlang dem Nordufer der Pegnitz wird ein möglichst begrünter Fußgängerweg geschaffen, der zu den Grünflächen des östlichen und westlichen Pegnitztales Verbindung erhält.
— In den Zwingerzonen und im Stadtgraben werden durchgehende Grünzonen für die Fußgänger geschaffen.

Wie aktuell sind diese Grundsätze, sie könnten heute nicht anders und besser formuliert werden. Sie beinhalten für die Altstadt die glückliche Entscheidung — die keineswegs so selbstverständlich war, wie sie heute erscheinen mag — des Wiederaufbaus als Herz der Stadt, Sitz der Verwaltung und Zentrum der Geschäftswelt. Das Herz wieder zum Leben zu erwecken, war nun die große Aufgabe.

Diese Grundsatzentscheidung wurde von manchen Kritikern als rückschauende Sentimentalität betrachtet, viele Kritiker haben der Stadt vorgeworfen, sie habe Idealen einer vergangenen Zeit angehangen und dabei wichtige Probleme der — seinerzeitigen — Gegenwart übersehen. Diese Kritik ist inzwischen verstummt, die den Wiederaufbau bestimmenden Werte genießen — nach einer überwundenen Epoche der Modernität als oberstes Ziel um jeden Preis — heute wieder unbestritten hohe Anerkennung. Die Bürgerschaft Nürnbergs hat sich gegen das Eindringen einer internationalen, normierten Architektur gewehrt, sie hat sich verwahrt gegen einen gleichmachenden Modernismus, sie hat erkannt, daß eine Stadt nur aus der Kontinuität heraus leben kann. Der Nürnberger wollte seine Chance wahrnehmen, sich wieder mit der von ihm aufgebauten Stadt identifizieren zu können.

Der Rat der Stadt berief ein ehrenamtliches „Kuratorium für den Aufbau der Stadt Nürnberg", das sich aus den besten Fachkräften aus der Bevölkerung zusammensetzte und das unabhängig und unbürokratisch beratend und fördernd beim Wiederaufbau mitwirken sollte. Alle Fragen des Lebens in einer wiederaufzubauenden Großstadt wurden dort behandelt.

Das Aufbaukuratorium arbeitete Richtlinien über Gebäudehöhe und Dachform im historischen Stadtzentrum der Altstadt aus. So waren beispielsweise im Bereich unterhalb der Burg Steildächer bindend vorgeschrieben, während in der erwähnten Steppe das halbsteile Dach ohne Ausbau, d.h. ohne Nutzung des Dachraumes vorherrschen sollte.

Der Rahmen, in dem sich der Wiederaufbau vollziehen sollte, war damit strukturell im groben, gestalterisch bis ins Detail abgesteckt. Die gegebenen Grundsätze mußten sich nunmehr über die Jahre in der Praxis und im Einzelfall bewähren. Konflikte berechtigter gegenläufiger Interessen und Auffassungen konnten naturgemäß nicht ausbleiben, Kompromisse im Erscheinungsbild der Altstadt waren unvermeidlich. Hierbei unterscheiden sich zwei Arten von Baumaßnahmen in ihrer Problematik. Der Wiederaufbau bzw. die Ergänzung beschädigter Baudenkmale stellte nahezu ausschließlich gestalterische Aufgaben, die unter Wahrung der Grundsatzentscheidung zu lösen waren. Der Neuaufbau von Gebäuden aller Art löste Fragen der Struktur, der Nutzung, des Grundstückszuschnitts, des Verkehrs, der Gestaltung, der Einbindung aus und war somit in der Regel mit weit größerer weil umfassender Problematik behaftet. Dies war durchaus auch ein Grund, weshalb man mit der Rettung historischer Substanz relativ frühzeitig vorankam. Verständlicherweise war selbst dieser Erfolg von teilweiser Kritik begleitet, da viele glaubten, in dieser Zeit dem Neubau von Wohnraum für die obdachlose oder gar evakuierte Bevölkerung Vorrang einräumen zu müssen. Um so mehr sind die mutigen Entscheidungen des Rates der Stadt zur Wahrung und Rettung des baulichen Kulturgutes der Altstadt zu schätzen.

In der Beschreibung des Wiederaufbaus der Altstadt sind die strukturellen Voraussetzungen bzw. Änderungen wie Bevölkerung, Grundstücke, Freiflächen und Verkehr festzuhalten. Der Schwerpunkt der Darstellung liegt aber zweifelsfrei in den Problemen der Gestaltung.

Die Bevölkerungszahl innerhalb der Stadtmauern ist von etwa 40000 in der Vorkriegszeit auf etwa 20000 gesunken. Die Wohndichten der beiden Altstadthälften unterscheiden sich nunmehr wesentlich stärker als früher. Die Lorenzer Seite hat gleichsam ruckartig die Bevölkerungsverdünnung in ihren Geschäftsvierteln nachgeholt, was bis zur Zerstörung bereits als langsam anlaufender Prozeß erkennbar war. Die City-Funktionen überwiegen in der südlichen Hälfte, in St. Lorenz. In der nördlichen Hälfte, St. Sebald, blieben auch nach dem Wiederaufbau noch reine Wohngebiete erhalten. Die relativ hohe Zahl von nahezu 20000 Bewohnern ist zur Sicherheit und Belebung sehr zu begrüßen, sie bildet auch die Voraussetzung für die Erhaltung der kleinteiligen Bebauung.

Allerdings muß in den letzten Jahren eine kontinuierliche langsame Abnahme der Bevölkerungsdichte registriert werden, die offensichtlich ihren Grund in den Wandlungen der Wohnwünsche hat. Außerdem sind soziale Selektionsprozesse zu beobachten. An manchen

Stellen überwiegen bereits deutlich sozial schwache Schichten, vor allem im City-Kern wie in älteren Wohnhäusern. Für diese Bereiche mit ihrer teilweisen historischen Bebauung sind Vorschläge zur Sanierung und Aufwertung zu entwickeln, um wichtige Ergebnisse des Wiederaufbaus nicht nachträglich zu verlieren. Das schlagartige Absinken der Einwohnerzahl und die veränderte Sozialschichtung sind die Indikatoren für beträchtliche Wandlungen aus dem Wiederaufbau.

Eine vergleichbare Verminderung wie die Bevölkerungszahl erfuhr die Zahl der Grundstücke. Die Zahl der selbständigen Grundstücke verringerte sich gegenüber der Vorkriegszeit fast um die Hälfte, viele kleine Parzellen sind durch Neuordnung oder Zukauf verschwunden. Die mittelalterliche Bauweise war gekennzeichnet durch oftmals nur sehr kleine Bauparzellen, eine äußerst dichte Überbauung und schmale winkelige Gassen. Für eine Neubebauung waren Grundstücke zu schaffen, die den Anforderungen der Zeit aus Belichtung, Besonnung, Hygiene und wirtschaftlicher Nutzung für Neubauten gerecht werden konnten. Die Ankäufe und Umlegungen konnten nur auf freiwilliger Basis in oft mühseligen Verhandlungen erreicht werden, da das Land Bayern, im Gegensatz zu anderen Bundesländern, kein Aufbaugesetz erlassen hat. Diese schwierige baurechtliche Situation muß man bei einer kritischen Betrachtung der Ergebnisse des Wiederaufbaus kennen. Allerdings wirkten sich die Schwierigkeiten einer Neuordnung kontinuitätserhaltend auf die Parzellierungsweise aus und waren somit eine wichtige Voraussetzung für die Wiedergewinnung des physiognomischen Altstadteindrucks.

In einer historisch gewachsenen Altstadt zählt es zu den schwierigsten Problemen, den fließenden und ruhenden Verkehr zu bewältigen. Nürnberg hatte hier vergleichsweise günstige und glückliche Voraussetzungen. Die um die Jahrhundertwende um die Altstadt errichtete Ringstraße wurde den Verkehrsbedürfnissen entsprechend ausgebaut, sie übernimmt den Verkehr zwischen den Stadtteilen, um die Altstadt möglichst vom Durchgangsverkehr freizuhalten. Neue Verkehrsbänder waren nicht erforderlich.

Die Verbindung der durch die Pegnitz getrennten Altstadthälften wurde in Nord-Südrichtung durch eine neue Straße verbessert, anknüpfend an die Königstraße, weiterführend in die Tetzelgasse. Die West-Ost-Verbindung in St. Sebald wurde durch Verbreiterung von Straßen erzielt. Dieser Straßenzug wird gegenwärtig erheblich vom Durchgangsverkehr beansprucht, die Verkehrsplanung sieht derzeit als Ausweg die Sperrung des Rathausplatzes, deren einjähriger „Probelauf" im Oktober/November 1988 noch beginnen soll. In St. Lorenz entstand die erwähnte neue Geschäftsstraße vom Kornmarkt zur Elisabethkirche, sie ist bereits weitgehend ausgebaut.

Eine zunächst vorgesehene „Uferstraße" nördlich der Pegnitz wurde — nach hartem Ringen — fallengelassen. Statt dessen verbindet nunmehr ein Fußweg die östlich und westlich an die Stadtumwallung heranreichenden Pegnitztalauen. Der Fußweg verläuft größtenteils entlang des Flusses durch neue Grünanlagen oder unter Arkaden und bietet reizvolle Ausblicke.

Die Unterordnung der Forderungen des motorisierten Verkehrs unter übergeordnete städtebauliche Zielsetzungen stieß keineswegs überall von vornherein auf Verständnis. Verfechter der „autogerechten Stadt" forderten breite Verkehrsachsen durch die Stadt, beispielsweise eine Hauptstraße von der Sebalduskirche über die Bergstraße durch das Tiergärtnertor oder gar ein Tunnel unter dem Burgberg. Welch ein Glück, daß die Verfechter der „menschengerechten" Altstadt mit ihrer Meinung obsiegten.

Der ruhende Verkehr wurde weitgehend befriedigt. Durch Neubau von Parkhäusern, Tiefgaragen und Parkplätzen stehen in der Altstadt etwa 10 000 Parkplätze zur Verfügung.

Die ständig und unaufhaltsam steigende Motorisierung brachte durch die Zunahme des Individualverkehrs unvermeidlich auch für die Altstadt Nürnbergs erhebliche Probleme. Zunächst bestand das Bemühen darin, den Verkehr flüssig zu halten, d. h. den Forderungen des Verkehrs nachzugeben. Einbahnsysteme und Ringverkehr wurden eingeführt. Bald setzte sich aber die Erkenntnis durch, daß diese Absicht zum Scheitern verurteilt war oder entscheidende Beeinträchtigungen der Altstadt nach sich gezogen hätte. Dem Individualverkehr kann nur ein begrenzter, auf seine Andienungs- und Versorgungsnotwendigkeit beschränkter Stellenwert zuerkannt werden.

Schon Mitte der 60er Jahre begann Nürnberg deshalb eine U-Bahn zu planen und zu bauen. Die Stammlinie 1 führt vom Südosten der Stadt über eine Schleife quer durch die Altstadt nach Westen. Sie erfaßt einen unmittelbaren Einzugsbereich, in dem 150 000 Menschen wohnen und 120 000 Arbeitsplätze liegen. Für die Lebensfähigkeit der City ist damit eine leichte, sichere, bequeme und schnelle Erreichbarkeit gewährleistet. Die U 2, deren südwestlicher Ast bis an die Stadtgrenze fertiggestellt und in Betrieb genommen ist, wird z. Zt. vom Hauptbahnhof aus nach Nordosten weitergebaut.

Die U-Bahn ermöglichte die Herausnahme der Straßenbahn aus dem Straßenraum und gestattete als leistungsstarkes Massenverkehrsmittel unter der Erde, auch die befahrenen Verkehrsflächen zu ebener Erde zu reduzieren. Durch Ausweisung von Fußgängerbereichen konnte ein entscheidender Schritt getan werden, die mit den Grundsätzen des Wiederaufbaus verfolgten Ziele zu erreichen. Der dem Menschen zurückgegebene Straßenraum läßt erst die Stadt wieder erleben.

Städtebauliches Ziel Nürnbergs ist es, ein zusammenhängendes Netz von Fußgängerstraßen und -plätzen zu schaffen, das durch seine Gestaltung dazu beiträgt, den Wert der Altstadt als historisches Zentrum, Ort der Identifikation und Kommunikation zu erhöhen. Das Netz spannt sich vom Südstadtzentrum um den Aufseßplatz über die Verbindung Tafelhofstraße/Vordere Sterngasse und weiter zum Hauptmarkt. Breite Gasse und Pfannenschmiedsgasse wurden als erste Teile ausgebaut, es folgten Königstraße, Karolinenstraße mit Hefners-, Josephs- und Ludwigsplatz bis zum Polizeipräsidium, und die Kaiserstraße. Es ist beabsichtigt, die Fußgängerzone vom Hauptmarkt über den Rathausplatz und die Bergstraße bis zum Tiergärtnertor auszubauen.

Um ein optimales Ergebnis zu erreichen, schrieb Nürnberg 1974 wieder für Gestaltung und strukturelle Entwürfe einen bundesweiten Wettbewerb für die Gestaltung der Fußgängerzonen aus. Es würde zu weit führen, auf das Ergebnis im einzelnen einzugehen. Festzustellen ist aber, daß die Empfehlungen des Preisgerichtes die Ziele des Wiederaufbaus bestätigen, sie haben letztlich den zusammenfassenden Inhalt, sich mit allen Maßnahmen dem geschichtlich gewachsenen Stadtorganismus in Erscheinung und Funktion anzupassen und unterzuordnen.

Die entscheidende Frage des Wiederaufbaus der Altstadt war aber die äußere, architektonische und städtebauliche Gestaltung der Gebäude. Jahrelang wurde heftig diskutiert, ob und wie weit das frühere Architekturbild wiederhergestellt oder neue Bauformen verwirklicht werden sollen. Von der denkmalpflegerischen Restaurierung einzelner alter Bauten war der Neuaufbau der völlig zerstörten Häuser im historischen Spannungsfeld der Altstadt zu unterscheiden.

Die Denkmalpflege wird von einer einzigen, klar und häufig formulierten Meinung bestimmt, die ihren Grund in der Tatsache hatte, daß von den meisten historischen Gebäuden noch so viel bauliche Substanz erhalten geblieben war, daß man an ihre Restaurierung denken konnte. Alle erhaltenen Baudenkmäler sind sorgfältig zu schützen und zu pflegen; alle beschädigten historischen Bauten sind, bei regenerationsfähiger Substanz, wiederherzustellen; völlig zerstörte Bauten jedoch sollen, gerade aus Respekt vor dem echten Baudenkmal, nicht als Kopien wiederentstehen, sondern — so bedauerlich dies auch ist — endgültig verloren bleiben. Diese Haltung änderte sich während der Nachkriegszeit niemals grundsätzlich, sie wurde von Verwaltung, Stadtrat und Bevölkerung getragen. Neben der in vielen anderen Städten erkennbaren Prinzipienlosigkeit gewinnt die jahrzehntelang unverändert vertretene Nürnberger Auffassung immer mehr an Gewicht.

Da allerdings sehr scharf zwischen Wiederherstellung beschädigter und der Aufgabe völlig zerstörter Baudenkmäler unterschieden wurde, entstand das Problem der Abgrenzung, wieviel vorhandene alte bauliche Substanz die Wiederherstellung rechtfertigen konnte. Die Grenzen schwanken in der praktischen Anwendung der abstrakt formulierten Aussage, die Praxis zeigt nicht die Schärfe des theoretischen Willens.

Die Aufweichung der Prinzipien trat in der zeitlichen Entwicklung ein, die großen Restaurierungen waren bis Mitte der 50er Jahre beendet oder zumindest begonnen.

Dies gilt verallgemeinernd für alle Baudenkmäler, im Eigentum des Staates, der Religionsgemeinschaften, der Stadt und Privatpersonen, wobei die Stadt bei ihren eigenen Bauten naturgemäß ihre Zielsetzungen am ehesten realisieren konnte.

Die zu erhaltenden historischen Gebäude befinden sich an wesentlichen Punkten des Stadtbildes und bestimmen seinen Charakter. Mit ihrem Wiederaufbau war einerseits die Stadtsilhouette gerettet, andererseits der Maßstab für die Einfügung neuer, notwendiger Bauvorhaben gesetzt.

Als eines der ersten Objekte wurde die schwer betroffene Kaiserburg restauriert, entscheidend für das Stadtbild. Alle Einzelbauten der Burg wurden außen und innen genau in der früheren Form wiederhergestellt, selbst wenn nur wenig greifbare Reste vorhanden waren, die alten werkgerechten Techniken wurden angewendet. Die Burg gehört damit zu den denkmalpflegerisch am sorgsamsten behandelten Objekten Nürnbergs.

Die beiden Hauptkirchen St. Lorenz und St. Sebald sowie die Frauenkirche wurden in jahrelanger, mühevoller Arbeit wieder zu Akzenten der Stadt, sie überragen das Meer der Dächer wieder in ihrer alten Gestalt, die Innenausstattung war durch Bergung oder Sicherung über den Krieg gebracht worden. Trotz größter technischer Schwierigkeiten wurden diese denkmalpflegerisch orientierten Leistungen erzielt.

Auch das Germanische Nationalmuseum, dessen Kern die Kirche und der Kreuzgang des profanierten Franziskanerklosters bilden, erlitt große bauliche Schäden. Die Restaurierungen wurden frühzeitig begonnen, traten dann gegenüber neuen Erweiterungsbauten zurück.

Viele stadteigene Gebäude wurden voll restauriert. Die Fachwerkbauten des Dürerhauses und des Weinstadels standen noch vor 1950. Unschlitthaus, die Brandruine der Kaiserstallung neben der Burg, der Turm Luginsland, das Heilig-Geist-Spital folgten. Als große Restaurierung wurde der Renaissancebau des Wolffschen Rathauses durchgeführt, von dem nur noch die ausgeglühte, gefährlich aufragende Fassade stand. Die Änderung der denkmalpflegerischen Auffassung im Zeitablauf zeigt die Beurteilung des Pellerhauses, das künstlerisch alle im Besitz der Stadt befindlichen Gebäude übertraf und die einzige architektonische Leistung Nürnbergs von Weltrang darstellte. Nach der überkommenen Substanz wäre die Wiederherstellbarkeit gegeben gewesen, nach langen Untersuchungen wurde jedoch lediglich der erhaltene Teil in einen modernen Neubau eingebunden.

Eine besondere Aufgabe war der Wiederaufbau der Ruine des ehemaligen Katharinenklosters, ein toter Bereich inmitten der Altstadt, ein weißer Fleck auf der Stadtkarte. An diesem Ort schneiden sich die Verbindungslinien vom Königstor zum Egidienberg und vom Lorenzer Platz zum Gewerbemuseumsplatz, also Bereiche wichtiger pädagogischer und kultureller Einrichtungen, ein Raum höchster städtebaulicher Dichte, Nutzungsgewichte und Lebendigkeit. Daraus folgte die Notwendigkeit, einen solchen Wiederaufbau anzugehen, der dem sowohl geschichtlichen als auch städtebaulichen „geometrischen Ort" im Sinne einer Revitalisierung für die Zwecke der Stadtbibliothek entsprechen konnte. Das ehemalige Klostergebäude mit vier Flügeln um einen rechteckigen Kreuzganghof wurde sehr behutsam restauriert und in das kulturelle Leben und das Geschichtsbewußtsein der Stadt als Zentrum der Stadtbibliothek eingefügt. Damit wurde das Kloster einer gegenwartsbezogenen, kommunikationsfördernden Nutzung zugeführt, die das historische Potential des Ortes — sowohl durch Inhalt als auch durch Form — würdigt.

Das insgesamt größte Restaurierungsprojekt war die Stadtbefestigung, eine über 4 Kilometer lange Doppelmauer aus meterdickem Sandstein, ebenso langem, bis 20 m breiten Graben, 84 Türmen, vielen Brücken, Bastionen und Toren. Die weitgehende Wiederherstellung dieses einmaligen Baudenkmales bestätigt, welche Opfer die Stadt selbst für funktionell nutzlose, aber historisch und ästhetisch unersetzliche Güter zu bringen bereit war. Der Mauerring mag als Prüfstein der Ehrlichkeit der Nürnberger Denkmalspflege gelten, auch wenn später Teile des Grabens für Verkehrszwecke geschleift wurden.

Die restaurierten Bauwerke wurden lebensnahen Zwekken zugeführt. Die Kaiserstallung ist Stadtjugendhaus, das Heilig-Geist-Spital Altenheim und Gaststätte, in den Türmen der Stadtumwallung sind Jugendgruppen, Studentenverbände und Künstlerateliers untergebracht.

Gotischer Rathaussaalbau und Wolffscher Rathausbau

Das erste Nürnberger Rathaus befand sich bis zum 14. Jahrhundert in der Tuchgasse, es war mit dem dortigen Tuchhaus vereint. Nach der um 1320 erfolgten Zusammenschließung der beiden separaten Mauerringe um die Ansiedlungen unterhalb des Burgfelsens und um den nahe der heutigen Elisabethkirche befindlichen Königshof zu einem gemeinsamen Mauerzug, entschloß sich der Rat der Stadt zu einem Rathausneubau. 1331 erwarb das Stadtregiment ein Anwesen am ehemaligen Salzmarkt vom Kloster Heilsbronn, den Heilsbronner Hof, und ließ hier den gotischen Saalbau mit Anbauten errichten. Im Obergeschoß befand sich der geräumige Ratssaal, der für Reichstage, für Empfänge von Kaisern und Fürsten und für andere Festlichkeiten den entsprechenden Rahmen gab.

Im Jahre 1616 beschloß der Rat, die verschiedenen Amtshäuser nördlich des gotischen Rathauses einzureißen, um ein neues Rathaus mit zwei Innenhöfen errichten zu können. Mit dieser Aufgabe wurde der Stadtwerkmeister Jakob Wolff d. J., damals der bedeutendste Baumeister der Stadt, betraut. In nur 6 Jahren wurde der gewaltige Hochrenaissancebau in Anlehnung an italienische Stadtpalastarchitektur errichtet.

Diese beiden, wie auch alle anderen Trakte aus dem gesamten Rathauskomplex, wurden 1944/45 schwersten Kriegszerstörungen unterworfen: der gotische Saalbau brannte mit Ausnahme des Kellergeschosses, der Lochgefängnisse, völlig aus, nur die bewegliche Einrichtung konnte rechtzeitig zum Teil geborgen werden, und vom Wolffschen Renaissancebau waren nur noch teilweise die Umfassungsmauern sowie die Keller- und einige Erdgeschoßräume vorhanden.

1956 begann der äußere Wiederaufbau des großen Rathaussaalbaues mit dem Renaissancesüdturm und der Wiederaufbau des Wolffschen Gebäudeteiles (s. Abb. S. 154). Diese umfangreichen Wiederherstellungs- bzw. Rekonstruktionsarbeiten konnten 1958/60 vollendet werden, wobei die Wolffsche Fassade an ihrem nördlichen Ende um 2 Fensterachsen aus Gründen der Verbreiterung der Theresienstraße verkürzt wurde. Im Inneren des Wolffschen Baues wurde die zwischen dem mittleren und nördlichen Eingangstor liegende, zweischiffige Eingangshalle rekonstruiert. Dazu dienten u. a. auch Entwurfspläne von Jakob Wolff aus dem Jahr 1619. Die gerettete Innenausstattung des Wolffschen Baues wurde wiederverwendet, im kleinen Rathaussaal die reichgestaltete Kassettendecke von Kunstschreiner Hans Wilhelm Beheim mit den wertvollen Gemälden. In einem Referentenzimmer des 2. Obergeschosses wurden aus dem ehemaligen Standesamtssaal die Vertäfelung und das Nordportal (von Peter Flötner, Mitte 16. Jahrhundert) eingefügt. In einem weiteren Zimmer des gleichen Geschosses wurde eine Kassettendecke in der Art des Peter Flötner, aus dem gleichen Zeitraum stammend, eingebaut. Ein Restfragment der ehedem herrlichen Turnierdecke, einer Stuckarbeit, erhielt einen Platz an der Stirnwand des Hauptflures. Alle anderen Räume und Flure wurden in zeitgemäßer Gestaltung errichtet.

Die Rückfront des Wolffschen Baues im großen Rathaushof wurde entsprechend der Straßenfassade im Erdgeschoß sockelhaft geschlossen und mit Rundbogenportalen versehen. Die Obergeschosse sind über schweren Balustraden in gedrungene Pfeilerarkaden mit vorgeblendeter, toskanischer Pilasterordnung durchbrochen, das Dachgesims mit Triglyphenfries gestaltet.

St. Sebalduskirche

St. Sebald (s. Abb. S. 161) ist die ältere und ehemals ranghöhere der beiden Nürnberger Stadtpfarrkirchen. Sie entstand zwischen 1230 und 1273 als doppelchörige, spätromanische Pfeilerbasilika und weist deshalb auf der Westseite keine Portalschauseite, sondern den für die Romanik charakteristischen Westchor auf. Um 1310 wurden die romanischen Seitenschiffe durch wesentlich breitere in gotischem Stil ersetzt. Zu dieser Zeit entstanden auch die heute noch vorhandenen vier Portale.

Ab 1361 errichtete man anstelle des romanischen Ostchores den heute noch erhaltenen großen, hochgotischen Hallenchor. Etwa 120 Jahre später wurden beide Türme mit gotischen Geschossen erhöht und mit Spitzhelmen versehen.

Wer heute die Burg oder das Rathaus oder die drei Hauptkirchen St. Lorenz, Frauenkirche und St. Sebald betritt, kann sich nicht vorstellen, in welchem Zustand sich 1945 diese denkmalpflegerischen Glanzstücke befanden. Von St. Sebald waren die Dächer zerstört. Fast alle Gewölbe vom großen Ostchor waren eingestürzt, die südliche Umfassungswand mit den Strebepfeilern war stark angeschlagen. Im nördlichen Seitenschiff waren drei Gewölbejoche zerstört. Das Mauerwerk des Engelschores war völlig ausgeglüht. Die beiden Türme waren bis zum 1. Obergeschoß ausgebrannt, die Turmhelme waren vernichtet, das Mauerwerk war erheblich beschädigt.

Höchst schwierig gestaltete sich die Instandsetzung des kirchlichen Baudenkmals. Das Gotteshaus erhielt zunächst ein provisorisches Dach, wodurch vor allem der gotische Ostchor vor Witterungseinflüssen weitgehend geschützt werden konnte. Als erstes wurde dann der romanische Teil der Kirche instandgesetzt, in dem dann die meisten der wertvollen Stein- und Holzplastiken, die ausgelagert waren, eine vorläufige Aufstellung fanden. Nur das Sebaldusgrab von Peter Vischer war auf seinem Platz geblieben, es war im Krieg durch einen massiven Schutzmantel vor Splitterschäden gesichert gewesen. Dann begann man mit den Arbeiten am südlichen und nördlichen Seitenschiff und konnte die wesentliche Instandsetzung mit der Wiederherstellung des Ostchores im Jahre 1957 abschließen. Die Maßwerkgalerie am Dachansatz konnte jedoch erst in jüngster Zeit aufgesetzt und das Äußere dadurch wieder vervollständigt werden.

Am Bauwerk fallen laufend Restaurierungsarbeiten an. In den letzten Jahren mußte das gesamte Turmmauerwerk und das von Mittel- und Seitenschiffen instand gesetzt werden. Eine Außenschutzverglasung wurde eingebaut, die aus vergangenen Jahrhunderten überdauerten und im Krieg auch ausgebauten und sichergestellten historischen Glasgemäldefenster werden restauriert; desgleichen wertvolles und wichtiges Kunstgut in und an der Kirche.

Fembohaus, Burgstraße 15

Das weit in die Burgstraße vorspringende, in den Jahren 1591—96 erbaute Fembohaus ist das einzige voll erhaltene Wohnanwesen der reichsstädtischen Bürgerschaft. Erbaut von einem Seidenhändler, dann im Eigentum der bekannten Patrizierfamilie Behaim, diente es im 17. und 18. Jahrhundert dem Landkartenverlag Homann als Geschäftshaus, seit 1804 von Georg Christoph Franz Fembo — daher der heutige Hausname — geführt.

Die Beschädigungen 1944/45 waren vergleichsweise sehr gering, zerstört wurde lediglich das Rückgebäude. Instandsetzung und Wiederaufbau erfolgten bis 1958. Seit 1953 ist das seinerzeit gegründete Altstadtmuseum (jetzt Teil der Stadtgeschichtlichen Museen!) untergebracht.

Diese typische Alt-Nürnberger Wohnanlage, nämlich mit Vorderhaus, seitlichem Flügelbau mit Hofgalerien und dem Rückgebäude, enthält Räume aus drei verschiedenen Stilepochen: der Zeit um 1591 - 1600, der Zeit um 1674 und schließlich aus den Jahren 1734/35. Ist das Gebäude somit an sich schon ein Museum der Alt-Nürnberger Wohnkultur, so bildet es als Ganzes den idealen Rahmen für eine Sammlung, die die Entwicklung der Nürnberger Altstadt nach urkundlichen Quellen vom 15. bis 20. Jahrhundert vergegenwärtigt.

Stadtarchiv und Stadtbibliothek Egidienplatz 23

Das „Pellerhaus“ (s. Abb. S. 147), das aufwendigste und glänzendste der Nürnberger Bürgerhäuser aus reichsstädtischer Zeit, 1602—05 vom Baumeister Jakob Wolff d. Ä. im Auftrag des Fernhandelskaufherren Viatis für seinen Schwiegersohn Peller gebaut, vertrat am vollkommensten das Stilideal der deutschen Spätrenaissance. Während der Arkadenhof den Nürnberger Typus wahrte, erhielt das Vorderhaus unter Beibehaltung der traditionellen, traufseitigen Anlage durch die Dachvierung einen gewaltigen Zwerchgiebel und erschien dadurch als monumentales Giebelhaus mit klarer Gliederung der Geschosse. Das Pellerhaus war der stolzeste Bürgerbau Nürnbergs und eines der berühmtesten Renaissancehäuser europäischer Baugeschichte. Nach den Kriegszerstörungen 1945 blieben das Erdgeschoß, der Treppenturm und teilweise die Obergeschosse der Hoffassaden erhalten bzw. wurden wiederhergestellt. Trotz des beachtlichen Umfanges dieser erhaltenen Teile erfolgte keine Gesamtwiederherstellung, sondern nur die Integration verbliebener Substanzen in den Bibliotheksneubau. Im einzelnen handelt es sich dabei um das rustizierte Quadermauerwerk des Erdgeschosses, die in nachgotischen Formen gehaltene Eingangshalle und den von dieser Halle aus durch eine Glaswand sichtbaren, in etwa halber Höhe konservierten Arkadenhof. Diese Überreste vermögen die überwältigend reiche Architektur des früheren Kaufmannshauses allenfalls erahnen zu lassen. Von den Innenräumen hat sich lediglich die Decke des „Schönen Zimmers" erhalten, die sich jetzt im 2. Obergeschoß des Stadtmuseums befindet.

Spielzeugmuseum

Bereits Ende des 15. Jahrhunderts wird das Haus Karlstraße 13 erwähnt, es befand sich im Besitz der Familie Haller. Nach mehrfachem Eigentumswechsel gelangt das Haus um 1611 in die Hände des Juweliers Kandler, der die Fassade wohl durch Baumeister Jakob Wolff d. Ä. umbauen ließ, denn auf dem „von Braunschen Prospekt" der Stadt Nürnberg von 1608 besaß das Haus noch einen spitzen Dacherker. Um 1720 dürfte das Chörlein in die Fassade eingefügt worden sein. Aus der Mitte des 18. Jahrhunderts stammt sicher die Rokokostuckdecke, die ursprünglich im Vorplatz des 2. Stockwerkes situiert war. Um die Jahrhundertwende befand sich im Haus das bekannte Nürnberger Spielwarengeschäft Schrögler und Scheckenbach; es wurde später durch die Firma Christian Harer abgelöst, der auch das Nachbaranwesen Nr. 15 gehörte. Das Anwesen überdauerte die Wirren des 2. Weltkrieges einigermaßen unversehrt und wurde 1961 von der Stadt erworben, um es als Museum umzugestalten. Zunächst bestand die Absicht, das Gebäude in ursprünglicher Form zu erhalten. Dieser Gedanke ließ sich jedoch im weiteren Planungsstadium nicht realisieren, da die tragende Bausubstanz zu schlecht gewesen ist und Bedenken wegen der zu starken Belastung aufgekommen sind. Probleme eröffneten sich auch wegen der Feuersicherheit.

Im Jahre 1967 entschloß sich die Stadt daher, neue Pläne für das künftige Museum auszuarbeiten. Der wertvolle Giebel mit allen historischen Details und auch kostbare Einbauten, wie bemalte Türen oder die Rokokostuckdecke, sollten erhalten bleiben. Die Stahlbetonbauweise für das Gebäude machte es möglich, das Haus in seiner ganzen Breite von etwa 9 Metern frei zu überspannen und dadurch die größtmögliche Ausnutzung für museale Zwecke zu erreichen. Die Möglichkeit zur Angliederung eines zweiten Bauabschnittes, der nunmehr kurz vor der Fertigstellung steht, wurde seinerzeit vorgesehen. Dieser Erweiterungsbau auf dem Nachbargrundstück stellt sich in zeitgemäßer, maßstäblicher Architektur und ohne Kontrastwirkung zur angrenzenden Bebauung dar. Die städtebauliche Ausformung berücksichtigt die ortsspezifische Baukörperform und die Altstadtdachlandschaft.

Integration des Warenhauskonzerns Karstadt

Seit der Entstehungszeit des Kaufhauses vor über 100 Jahren hat sich der Bautyp und die architektonische Aufgabe unter dem Einfluß der jeweiligen Epochen kontinuierlich weiterentwickelt. Aufgrund der charakteristischen Wesensmerkmale kam es zu der heute üblichen und allseits bekannten Erscheinungsweise der Warenhäuser, die vor allem in ihrer äußeren Gestaltung die Repräsentanz einer Warenhauskette und deren wirtschaftliche Potenz darstellt. Es wird dadurch also nicht mehr Werbung für die Ware allein, sondern für das ganze Unternehmen gemacht. Durch Standardisierung, insbesondere der Außenfassaden, wird durch die charakteristische Physiognomie gleichzeitig an vielen Orten in ein und derselben Form geworben. Der Duktus des Warenhauses ist somit Werbung und Markenzeichen zugleich.

Die Integration einer solchen kaufhaustypischen Architektur — die treffend als Klotz im Kettenhemd bezeichnet wurde — in eine historische Altstadt ist aber unmöglich, da der Konflikt zwischen den Forderungen eines Warenhauses dieses Typs, die auf Expansion und visuelle Extraversion angelegt sind, und den Zielen zur Erhaltung der Werte und Bedeutung der historischen Altstadt unüberbrückbar sind. Die Folge unbewältigter Konflikte ist aber eine visuelle Anarchie, verbunden mit einer Schändung älterer intakter Kompositionen. Das Ergebnis ist dann Bauen als Umweltzerstörung.

Genau vor dieses Problem aber sah sich das Baureferat 1970 durch die Bauabsicht des Warenhauskonzerns Karstadt (s. Abb. S. 231) im Zentrum der Altsatdt gestellt. Der vorgesehene Standort lag in einem denkmalpflegerisch empfindlichen Bereich in unmittelbarer Nähe der Lorenzkirche sowie im Kreuzungspunkt der wichtigen Wegebeziehungen Hauptmarkt — Weißer Turm — Bahnhof. Die angrenzenden Straßen — Königstraße und Karolinenstraße — waren seinerzeit zum Ausbau als Fußgängerzone vorgesehen, ein unmittelbarer Anschluß an den U-Bahnhof Lorenzkirche war auch möglich.

Vor dem Krieg war an diesem Standort eine architektonisch hochwertige Bebauung vorhanden, die zusammen mit der Lorenzkirche und dem dazwischen liegenden Platz ein städtebaulich einmaliges Ensemble darstellte. Durch Kriegseinwirkungen wurde dieser Häuserblock, bis auf das der Lorenzkirche gegenüberliegende Nassauer Haus, fast völlig zerstört. Der Wiederaufbau nach dem Krieg erfolgte nur unvollständig, so daß bei Planungsbeginn noch viele Baulücken vorhanden waren.

Der durch das Vorhaben mitzugestaltende städtebauliche Raum vor der Lorenzkirche selbst gilt mit als einer der interessantesten europäischer Städte. Die Lösung dieses städtebaulichen und architektonischen Problems wurde für die Stadt Nürnberg zu einer Schicksalsfrage und zu einer gesellschaftspolitischen Aufgabe ersten Ranges.

Bevor jedoch auf die spezifische Nürnberger Situation, das jahrelange Ringen um die beste Lösung und schließlich auch auf das Ergebnis selbst im einzelnen eingegangen wird, sollen die Voraussetzungen und Randbedingungen der Planungsaufgabe, zum einen aus der Sicht der historischen Altstadt und zum anderen aus der Sicht des Warenhauses in der gebotenen Kürze analysiert werden.

Die heutigen Tendenzen werden dabei erst aufgrund ihres historischen Aspektes verständlich.

So sind die Städte seit ihrer Gründung durch einen kontinuierlichen Wandel gekennzeichnet. Es waren in sich schlüssige, multifunktionale Strukturen, die innerhalb ihrer Grenzen alle zeitgemäßen Bedürfnisse der Bevölkerung befriedigten. Rasches Bevölkerungswachstum, die Auswirkungen des technischen Fortschrittes und die einsetzende Industrialisierung begannen um die Mitte des letzten Jahrhunderts den Rahmen der historischen Stadt zu sprengen. Die Folge war eine explosionsartige Stadterweiterung, die eine Trennung der Funktionen mit sich brachte. Dadurch bedingt war zwangsläufig eine erhöhte Mobilität der Bevölkerung, sowie eine Zentralisierung von wirtschaftlichen, kulturellen und politischen Funktionen in der Altstadt. Die Mobilität wurde dabei durch die Einführung eines allgemein benutzbaren öffentlichen Verkehrsmittels erhöht. Der Stadtkern wurde als Schnittpunkt der Gesamtstadt, insbesondere durch die Ansiedelung von Dienstleistungen, zur City.

Die alten Stadtstrukturen haben damit aber vermehrt neue Funktionen erhalten, denen sie nicht mehr gerecht werden können, denn die veränderten Nutzungen verlangen an und für sich neue Formkonfigurationen.

Die Altstadt ist derzeitig also in einem strukturellen Anpassungsprozeß an qualitativ und quantitativ veränderte Aufgaben begriffen.

Es existiert mithin einerseits die Forderung nach einer Transformation des Stadtbildes entsprechend den veränderten Aufgaben und andererseits der Anspruch auf Wahrung historischer Kontinuität. Die Ursache dieses Zielkonfliktes liegt demnach in der Divergenz von Nutzung und Gestalt, von Funktion und Form.

Es besteht indes allgemeine Einigkeit darüber, daß die historischen Altstädte aufgrund ihrer Werte und Bedeutungen erhalten bleiben sollen. Über das Wie der Erhaltung bei gleichzeitig sinnvoller Erneuerung gehen die Meinungen und Auffassungen jedoch bereits im Grundsätzlichen auseinander. Die Altstadterhaltung wird somit zu einer Frage der Stadtpolitik.

Das Warenhaus als neuer Bautyp einer durch Konsum geprägten Zeit ist ein bezeichnendes Phänomen dieser geschilderten Entwicklung der Altstadt und stellt nicht allein wegen seines großen Volumens einen potentiellen

Konfliktfaktor in der Integrität der historischen Altstadt dar. Es ist gleichbedeutend ein stadtplanerisches und architektonisches Problem.

An den Standort werden, bedingt durch die charakteristischen Wesensmerkmale des Warenhauses, bestimmte Bedingungen gestellt.

Die wichtigsten Standortkriterien in dieser Hinsicht sind:

- Zentrale Lage in der Stadt, insbesondere an Brennpunkten, d. h., an Kreuzungspunkten von Wegen bzw. Orten besonderer Nutzungen oder Bedeutungen.
- Gute Erreichbarkeit für Kunden, z. B. durch einen direkten Anschluß an ein öffentliches Nahverkehrsmittel, sowie ausreichende Parkmöglichkeiten in fußläufiger Entfernung.
- Nähe zu Konkurrenzunternehmen.
- Ausreichend große Grundstücksflächen, um das große Volumen unterzubringen; dabei werden insbesondere solche Grundstücke bevorzugt, die von allen Seiten aus erreichbar sind.
- „Adressenprestige", d. h., Wunsch nach renommierter Geschäftslage.
- Fernwirkung des Gebäudes. Es werden exponierte Standorte bevorzugt, die im Stadtbild eine besondere Bedeutung haben, um bereits durch das Gebäude selbst eine Werbewirkung zu erzielen.

Die Planung des Kaufhauses selbst war eng an den Bau der U-Bahn gekoppelt. So ist das Basement des Warenhauses in gleicher Ebene mit dem Verteilergeschoß des U-Bahnhofes Lorenzkirche. Ein unmittelbarer Zugang zum Kaufhaus wurde hergestellt.

Der Planungsprozeß lief im wesentlichen nach Abklärung der grundlegenden funktionalen Bezüge in drei Phasen ab, die durch einen gotisierenden, einen kaufhaustypisch aufgerasterten und schließlich durch den zur Ausführung gekommenen Fassadenentwurf gekennzeichnet sind.

Die erste Planungsphase war dabei — wie gesagt — bestimmt durch einen gotisierenden Eklektizismus, der insgesamt in seiner Baumassenentwicklung und Unmaßstäblichkeit der Architekturform eine der historischen Nürnberger Altstadt nicht gemäße Bebauung vorsah. Dieser Entwurf war geprägt durch eine geschoßhohe Betonrahmengliederung über weitgespannten, stark auskragenden stützenlosen Segmentarkaden im Erdgeschoß.

Bei Ausführung dieses Entwurfes wäre es zu einer vollkommenen Entfremdung des städtebaulichen Raumes unter Negierung der vorhandenen und zu erhaltenden Stadtstruktur gekommen.

Diese erste Planungsphase wurde 1974 durch einen durch das Baureferat herbeigeführten Stadtratsbeschluß abgeschlossen, der die Rahmenbedingungen für die Fassadengestaltung des Kaufhausprojektes festlegte. Es wurden dabei folgende Forderungen aufgestellt:

Das Projekt muß sich in die städtebauliche Struktur der historischen Altstadt einfügen. Die Fassaden müssen zwei wesentlich verschiedene Bereiche aufweisen: Im Bereich der Eingänge bzw. Passagen sind „kaufhaustypische" Fassaden, in den übrigen Bereichen Nürnberger „bürgerhaustypische" Fassaden individueller Gestaltung zu planen, die in Übereinstimmung mit dahinterliegenden Grundrißfunktionen des Kaufhauses — wie z. B. Restaurant, Küche, Lager, Werkstätten, Büroräume und Treppenhäuser — sein sollen und in diesen Fassadenbereichen eine funktionsbezogene architektonische Gestaltung ergeben.

In der zweiten Planungsphase wurde ein weiteres Architektenteam zur Neuentwicklung von Fassadenstrukturen hinzugezogen. Es wurden jedoch Pläne vorgelegt, die in ihrer Grundkonzeption kaufhaustypische Fassaden mit einem System stark gegliederter Raster- und Flächenfassaden vorsahen. Es kam in dieser Phase zu insgesamt 7 Planvorlagen im Baukunstbeirat, bei denen jedesmal Bedenken und Empfehlungen zur Weiterentwicklung der Fassaden gegeben wurden. Trotz verschiedener Detailänderungen kam es zu keinem entscheidenden Durchbruch. Es wurden deshalb auch sämtliche Pläne vom Baukunstbeirat und vom Baureferat abgelehnt.

Deshalb wurden für die Ausführungspläne strenge Kriterien gefordert: Die Fassade des Warenhauses ist entgegen den aus der Funktion, Konstruktion und Werbeabsicht resultierenden Bedingungen entsprechend dem vorhandenen städtebaulichen Maßstab zu gliedern und zu differenzieren. Das heißt aber nicht, daß das Warenhaus hinter einer Kopie einer historischen Fassade zu verstecken ist, sondern es kann durchaus den spezifischen Wesenseigenschaften Ausdruck verliehen werden — aber eben in einer entsprechend hochwertigen Gestaltung. Es kann also keinesfalls darum gehen, „Potemkinsche Dörfer“ zu errichten oder der Fassade „gotische Tapeten“ aufzukleben — dies wäre allerdings bei dem Entwurf der ersten Phase der Fall gewesen — und somit, wie verschiedentlich behauptet wird, einen „Wolf im Schafspelz“ zu schaffen. Bei dem Kaufhaus Karstadt ist, wie bereits geschildert, eine den hinter den Fassaden liegenden Nutzungen adäquate Form gefunden worden, so daß man trotz der Kritik eines naiven Neofunktionalismus durchaus behaupten kann, daß im Sinne Sullivans die Form der Funktion folgt.

Es kam deshalb für die Ausführung der Fassaden des Kaufhauses Karstadt keinesfalls eine Vorhangfassade in Frage. Mit Ausnahme von 5 die Kaufhauseingänge bzw. Passage kennzeichnenden Fassaden wurde das ortsspezifische Material Sandstein verwendet. Die 5 kaufhaustypischen Fassaden wurden in dem weitgehend ortsneutralen Material Nagelfluh ausgeführt. Großer Wert bei der Durchbildung der Fassaden wurde auch, wiederum mit Ausnahme der kaufhaustypischen Fassaden, auf die Herabführung massiver Wandteile bis zum Erdboden gelegt. Der variierende Stützenrhythmus und die unterschiedlichen Sturzausbildungen und Sturzhöhen einschließlich der Rundbogenöffnungen tragen dabei zur lebendigen Fassadengestaltung wesentlich bei. Bei der Ausführung der verschiedenen Sandsteinfassaden wurde ein starker Farb- und Helligkeitskontrast vermieden. Auch wurde der Ausbildung der Lüftungszone unter der Traufe besondere Sorgfalt gewidmet.

Die Ausbildung der Dachlandschaft ist ein besonders markantes Kennzeichen der historischen Stadtkerne. Jeder einzelne Baukörper ist durch das in den meisten Fällen noch gleichartig gedeckte Steildach nach oben eindeutig abgeschlossen. Es ist damit eines der wichtigsten Maßstabselemente der historischen Altstadt, das gleichzeitig Ausdruck der Einheitlichkeit bei gleichzeitiger Vielfalt ist.

Das Warenhaus weicht üblicherweise durch seine große überbaute Grundstücksfläche von der vorhandenen Parzellen- und Gebäudestruktur ab. Das Flachdach ist aber ein dem historischen Stadtkern wesensfremdes Gestaltelement, das insbesondere dann, wenn Einblicke in die Dachlandschaft möglich sind, als störend empfunden wird.

Bei der Ausführung des Kaufhauses Karstadt wurde in Übereinstimmung mit der Baumassengliederung und der Fassadenaufteilung um mehrere angedeutete Innenhöfe eine lebendige Dachlandschaft geschaffen, die sich harmonisch in die Umgebung einfügt.

Das hier vorgestellte, zur Ausführung gekommene Projekt, wurde nach einem, die Planungsphasen 1 und 2 kennzeichnenden, jahrelangen Tauziehen ohne Einigkeit in seinen Grundzügen 1976 durch einen Vorschlag des Baureferates gefunden und anschließend vom Architekten zur Ausführungsreife gebracht. Insgesamt wurde das Projekt 13 mal im Baukunstbeirat behandelt und mehrmals in den Stadtratsgremien beraten. Bis zum 16. 2. 1977 sind insgesamt 108 verschiedene Vorgänge oder Beratungen in dieser Sache zu verzeichnen. Dabei soll auch nicht unerwähnt bleiben, daß durch dieses zähe Ringen um die beste Lösung fast die Eröffnung des U-Bahnbetriebes gefährdet war. Die Stadt Nürnberg blieb jedoch in ihrer Haltung hart und ließ sich nicht unter Zeitdruck setzen. Sie sieht sich durch die gelungene Ausführung des Projektes rückwirkend in ihrer Haltung bestätigt. Die Errichtung des Kaufhauses Karstadt war wohl die schwierigste Planungsaufgabe nach dem weitgehenden Abschluß des Wiederaufbaues der Altstadt.

„Maßstäblichkeit und Denkmalpflege im Stadtbild“

Neben den großen, stadtbildbestimmenden Gebäuden waren etwa 250 historische Wohnhäuser in Privatbesitz erhalten. Obwohl sie in ihrer Gesamtheit den Reiz der alten Stadt ausgemacht hatten, erreichte hier die Denkmalpflege nur bescheidenen Erfolg, ein schleichender Substanzverlust trat ein, die Bauarbeiten kamen erst spät in Gang. Naturgemäß waren diese Baumaßnahmen mehr auf Rentierlichkeit ausgerichtet, jedoch war die Unterstützung der öffentlichen Hand relativ gering.

Auch an den Opfersinn der Bürgerschaft, der Industrie und sonstiger Gönner wurde vielleicht nicht genug appelliert. In den letzten Jahren ist hier allerdings ein erfreuliches Umdenken im Sinne der Denkmalpflege spürbar. Die insgesamt vom Staat, von der Stadt, von den Kirchen, von Stiftungen und von den Bürgern für die Wiederherstellung der Baudenkmäler gebrachten Opfer waren erheblich.

Eine bei der Restaurierung interessante, nicht seltene Frage war, wie ein Bauwerk wiedererrichtet werden sollte, das im Laufe der Jahrhunderte mehrfach seine Gestalt verändert hatte. Der Rückgriff selbst auf Zeichnungen Albrecht Dürers ließ die Bauwerke in ihrer ursprünglichen Form wiedererstehen, eine überzeugende Bereicherung des Stadtbildes. Die Fronveste am westlichen Pegnitzausfluß wurde in diesem Sinne restauriert, die Turmhauben des Rathauses erhielten die vor dem Kriege fehlenden goldenen Kugeln bzw. ihre Krone zurück.

Die Denkmalpflege im Nürnberger Wiederaufbau läßt somit wichtige Leitlinien feststellen. Die abstrakt formulierte Kluft zwischen Restauration und Rekonstruktion fixiert Erhaltung bzw. Form der Gebäude. Stadtbildbestimmte Monumente wurden gegenüber der Vielzahl privater, kleiner Baudenkmäler bevorzugt behandelt. Das — auch finanzielle — Engagement für den denkmalpflegerischen Wiederaufbau nimmt mit fortschreitender Zeit ab.

Die anerkannten Leistungen in der Denkmalpflege wurden weitgehend ohne baurechtliche Grundlagen erreicht; um so höher sind sie zu werten. Zwischenzeitlich wurde in Bayern ein Denkmalschutzgesetz erlassen, die Baudenkmäler der Stadt in einer Liste fortgeschrieben. In der städtebaulichen Wertskala gewinnt die Denkmalpflege zunehmend an Bedeutung, so daß der Tiefpunkt der zeitlichen Entwicklung wohl durchschritten ist.

Der Neuaufbau der ausgedehnten, völlig zerstörten und weitgehend abgeräumten Altstadtflächen stellte — neben der Denkmalpflege — die zweite Frage, die von entscheidender Bedeutung für den Wiederaufbau war. Die Flächen zeigten sich so ausgedehnt, daß ihre Bebauung in jedem Falle den Gesamteindruck der späteren Innenstadt bestimmen mußte. Die Neugestaltung war jahrelanger Streitpunkt, diskutiert wurden die drei Alternativen der völligen oder überwiegenden Rekonstruktion, der kompromißlosen modernen Formgebung und der Anpassung eines grundsätzlich neuen Aufbaus an das alte Stadtbild mit dem Anknüpfen an die lokale Bautradition. Nürnberg entschied sich schließlich — im Gegensatz zu den anderen Großstädten — für den Weg einer maßstäblichen Anpassung an das überlieferte Stadtbild, für eine wohlüberlegte Einfügung nach Maßstab und Material, ohne im einzelnen historische Formen zu verwenden. Dabei sollte kein restauratives Denken vorherrschen, sondern die Individualität der Altstadt gesichert werden, die sich ja im dreidimensionalen Charakter ihres Grund- und Aufrisses manifestiert. Baufluchten, Platzwände, Ensembles, Durchblicke sollten die Silhouette mit Toren und Türmen und den historischen Blickfängern zu einer optischen, vielfältigen Einheit zusammenfügen. Dies war das Leitmotiv der Bildung eines menschengerechten, in seinen Funktionen ausgeglichenen Lebens-, Verkehrs- und Wirtschaftsraumes. Dabei sollten Grund- und Aufriß der alten Stadt keine Belastung, sondern förderlich sein für die Entwicklung von Zonen und Schwerpunkten gemeindebürgerlichen Lebens — um nicht ausschließlich Bedürfnissen des Konsums zu entsprechen, sondern Kommunikationsbereiche zu schaffen. Es wurde demnach die Traufhöhe, die Gebäudestellung und das Steildach als optische Gestaltungsträger übernommen, der Einzelform der Fassade wurde ein breiterer Gestaltungsspielraum zugestanden. Die in Nürnberg zu übernehmende Form des Wohnhauses, der häufigsten Baumaßnahme, bestand somit in einem traufseitig zur Straße stehenden Bau, ein Typ, der für die neuzeitlichen Wohnansprüche durchaus anpassungsfähig war. Das Steildach war eine entscheidende Grundtatsache, der Dachraum ließ sich mit zeitgemäßen Nutzungsmöglichkeiten füllen. Das Gestaltungsmerkmal der geschlossenen Fassade des Nürnberger Haustyps bedingte vielfach den Verzicht auf moderne Auflockerungen.

Die Möglichkeit des Einfügens in die lokale Bautradition löste bei Geschäfts- und Amtsbauten Probleme aus, sie fand ihre Grenzen bei neuartigen Bauaufgaben wie Kaufhäusern — mit Ausnahme von Karstadt — und Parkhäusern. Hier blieb nur mehr der Versuch einer maßstäblich tragbaren Gliederung.

Allerdings muß festgestellt werden, daß die architektonische Bindung der Neubauten von der Konzeption der ersten Jahre über die maßstäbliche und materialmäßige

Anpassung zu einer den Grundsatz aufweichenden abstrakten Synthese von Alt und Neu führte, bis hin zu einer teilweisen Aushöhlung in den Geschäftsvierteln der Stadt. Der besondere architektonische Anspruch der Bebauung innerhalb der Stadtmauern wurde jedoch nie in Frage gestellt. Der Wiederaufbau der Altstadt ist ein langdauernder, vielfältiger und noch nicht endgültig beendeter Prozeß. Die zeitliche Differenzierung der Errichtung der Einzelgebäude, oft im Interesse des städtischen Lebens bedauert, hat eine beachtliche gestalterische Variation bewirkt.

Als Baumaterial herrschte vor dem Krieg der Massivbau aus Burgsandstein absolut vor. Die nicht sichtbaren Wände waren aus Backstein gemauert. Für den Wiederaufbau kam der Sandsteinquaderbau aus funktionalen und finanziellen Gründen nicht mehr in Betracht, die Neubauten wurden überwiegend aus Backsteinmauerwerk errichtet. Der Sandstein wurde jedoch weiterhin zur Integration in das Stadtbild als lebendig-strukturiertes, anspruchsvolles Material mit freundlich-warmem Farbton für Verblendungen verwendet. Die Sandsteinfassaden finden sich nahezu ausschließlich an kommerziell genutzten Gebäuden, die Wohnviertel im Norden und Osten bleiben fast unberührt, hier herrscht nunmehr die geputzte Fassade. Anti-traditionelle Materialien kamen kaum vor, erst die Dresdner Bank am Heilig-Geist-Spital und der Neubau der Universität im Nordosten überschritten diese Grenze.

Das maßstäblich entscheidende Merkmal des Altstadtbildes ist die steile Dachneigung der Gebäude, es wurde deshalb zum — positiven oder negativen — Symbol der Anpassung. Leidenschaftlich entzündeten sich die Meinungen an der Frage der Dachgestaltung. Waren ein steiles Dach mit einem früher nicht gekannten Ausbau und den daraus folgenden Erkern oder ein flacheres Dach ohne Ausbau gestalterisch die richtige Entscheidung? Glücklicherweise wurde dem flacheren Dach nur in wenigen Fällen, im Zusammenhang nur beim Aufbau der „Steppe" zugestimmt, so daß die Altstadt wieder vom steilen Dach beherrscht wird.

Als augenfällige, ortsgebundene Gestaltungsdetails dominieren in der Nürnberger Altstadt der große Mittelerker oder Zwerchhäuser auf dem Dach, und die kastenförmige Ausladung an der Fassade des ersten Obergeschosses, das „Chörlein". Neue Übersetzungen in zeitgemäße Bauformen sind selten, eine große Zahl überkommener „Chörlein" wurde aber häufig nachträglich den Fassaden eingefügt, sie bilden wieder ein ortsspezifisches Merkmal.

Die äußere Gestaltung von Großbauten wurde offensichtlich nicht den grundsätzlichen Anforderungen der Einbindung unterworfen. Je nach Nutzung nahm man graduelle Unterschiede der Anpassung hin. Drei Warenhausbauten, fünf Parkhäuser, Banken, Norishalle in der Stadtumwallung und die Erweiterungen des Germanischen Nationalmuseums wurden in kubischen Bauformen errichtet, die Gestaltungstendenz zielt hier auf ein Freihalten der örtlichen Bindung. Die Möglichkeit anderer Lösungen wurde — wie bereits ausgeführt — in der Gegenwart durch den Neubau des Karstadt-Kaufhauses bestätigt. Hier wurde, in unmittelbarer Nähe der Lorenzkirche, die Einbindung in die kleinteilige Stadtstruktur, Verwendung ortsgebundener Fassadenmaterialien, Gliederung in baukörperhafte Einzelfassaden und Gestaltung einer Dachlandschaft gefordert. Das Ergebnis zeigt, daß selbst derartige Nutzungen und Bauvorhaben in ein durch spezifische Gestaltungen bestimmtes Stadtbild integriert werden können, ohne deswegen architektonisch in ihrer Aussage unehrlich zu werden.

Die Anforderungen an die Gestaltung dieses Baukomplexes, mit größter Hartnäckigkeit vertreten und durchgesetzt, mögen beweisen, daß die „Anpassung" von Neubauten durchaus sinnvoll war, da hierdurch die maßstäbliche Dimension der Stadt nicht aus dem Gleichgewicht gebracht wurde. Das Gebiet zwischen Sebalduskirche und Burg wirkt in seiner Gesamtheit noch als „historisch", obwohl die Einzelgestaltung der meisten Häuser keinen Zweifel an ihrem Entstehen in der Nachkriegszeit läßt. Ähnlich wurden in der neuen Pegnitzarchitektur die Laubengänge ins Moderne übersetzt, ein überraschender Anklang an das alte reizvolle Stadtbild, durch Einbau von Arkaden für Fußgänger zum neuen Brennpunkt urbanen Lebens geworden.

Der Wiederaufbau der Altstadt hat somit vier große Ziele grundsätzlich erreicht, nämlich

— die Erhaltung der unbestrittenen Dominanz der großen Baudenkmäler,
— die Integrierung der Einzelkunstwerke in eine ihnen adäquate Umgebung,
— das Bewahren wesentlicher städtebaulicher Strukturen,
— das Abheben der Stadt als einer sichtbaren Einheit von den übrigen Stadtteilen.

Der Altstadt-Wiederaufbau stellt einen Kompromiß dar, er folgte weder gänzlich der Restauration noch völlig der Moderne. Trotz aller Einzelkritik muß er als ein interessantes und gelungenes Experiment bezeichnet werden und muß in seiner Ganzheit betrachtet werden: Wie überall dort, wo man es mit echten Ganzheiten zu tun hat, muß das Ganze aus den Teilen, müssen Teile aus dem Ganzen verstanden werden. Dieser Wiederaufbau erfüllt auch auf die wahrhafteste Art das Bedürfnis der Zeit dadurch, daß es das Alte in ein neues Verhältnis zu dem Ganzen setzt und dadurch das Wesentliche desselben ebenso sehr erhält, als es verändert und erneuert.

Entwicklung der Zukunft

Die Art des Wiederaufbaus der Altstadt hat Nürnberg die Möglichkeit weiterer Entwicklung offengelassen. Die städtebauliche Wertskala hat sich verändert, Ideale der autogerechten und von Dynamik bestimmten Innenstadt sind verblaßt. Als Ziel verfolgt werden Originalität des Stadtkerns, Humanisierung des Lebens in der Stadt, Pflege des Stadtbildes, multifunktionale Nutzung. Nürnberg hat die Chance wahrgenommen, die Individualität einer historischen Altstadt mit ihren dominierenden Baudenkmälern zu einer besonders ausdrucksstarken, kommunikationsfreundlichen und originellen Stadtmitte auszugestalten, da es beim Wiederaufbau gelungen ist, internationale Gesichtslosigkeit eines modernen Stadtkerns zu vermeiden und die Individualität zu bewahren.

In Nürnberg treten neuerdings — wie schon einmal Mitte der sechziger Jahre — einige „Modernisierer" hervor. Es entbrannte deshalb über das nunmehr zum Wiederaufbau noch anstehende Gebiet zwischen der Oberen und Unteren Kreuzgasse — im Westen der Altstadt, südlich des Pegnitzausflusses gelegen — eine heftige Diskussion.

Die Entwicklung der Altstadt als Großstadtzentrum mit historischer Prägung wird von vielen privaten und öffentlichen Kräften beeinflußt. In den letzten Jahren zeigen sich Nutzungshäufungen, beispielsweise Kneipen und Gaststätten im nördlichen, vom Wohnen bestimmten Altstadtbereich, die auf lange Sicht die Funktions- und Lebensfähigkeit der Altstadt beeinträchtigen oder sogar gefährden können. Die weitere Entwicklung der Altstadt als Stadtzentrum, Ort zentraler Einrichtungen der Wirtschaft und der Verwaltung, Mittelpunkt für Freizeit und Kultur, Möglichkeit individuellen, innerstädtischen Wohnens wird deswegen gegenwärtig in einem umfassenden Konzept fortgeschrieben. Auch hier wird wiederum die Bürgerschaft beteiligt, über die Geschicke ihrer Stadt, mit der sie sich identifizieren will und soll, mitzuentscheiden.

Die denkmalpflegenden Kräfte haben mehr denn je die Aufgabe, darüber zu wachen, daß die Altstadt ihren individuellen Grundcharakter behalten kann, wodurch allein die Möglichkeit zu ihrer organischen Weiterentwicklung gewährleistet wird.

Wenn man die Stadt auch als ökonomisches System bejaht, deren wirtschaftliche Basis ja für alle Bürger von existenzieller Bedeutung ist, dann muß man Veränderungen und Revitalisierung, Begegnungsräume mit Kunst und Kultur bejahen. Es kann daher nicht Planungsziel sein, aus der Altstadt ein Museum zu machen; vielmehr geht es um eine Harmonisierung neuer Funktionen mit der Bewahrung des Historischen. Es geht also um eine dialektische Lösung für eine kulturelle Architektur. Hierzu ist jedoch eine geschichtliche Denkweise im weitesten Sinne erforderlich. Auch sollte man in diesem Zusammenhang bedenken, daß bei aller Wertschätzung des Überlieferten heute die Denkmäler von morgen geschaffen werden, die dann Ausdruck und Dokumentation der geistigen Haltung und der Gesellschaftsform unserer Epoche sind.

Das Entwicklungskonzept Altstadt wird helfen, Erfolge des Wiederaufbaus nicht nur nicht zu verlieren, sondern sie vielmehr noch zu verstärken und zu vertiefen. Motor und Lebensimpuls eines jeden Organismus ist das Herz, erlischt das Herz, stirbt der Organismus. Nürnbergs — gesundes — Herz schlägt in der wiederaufgebauten Altstadt.

Otto Peter Görl

Grundriß aus dem 18. Jahrhundert

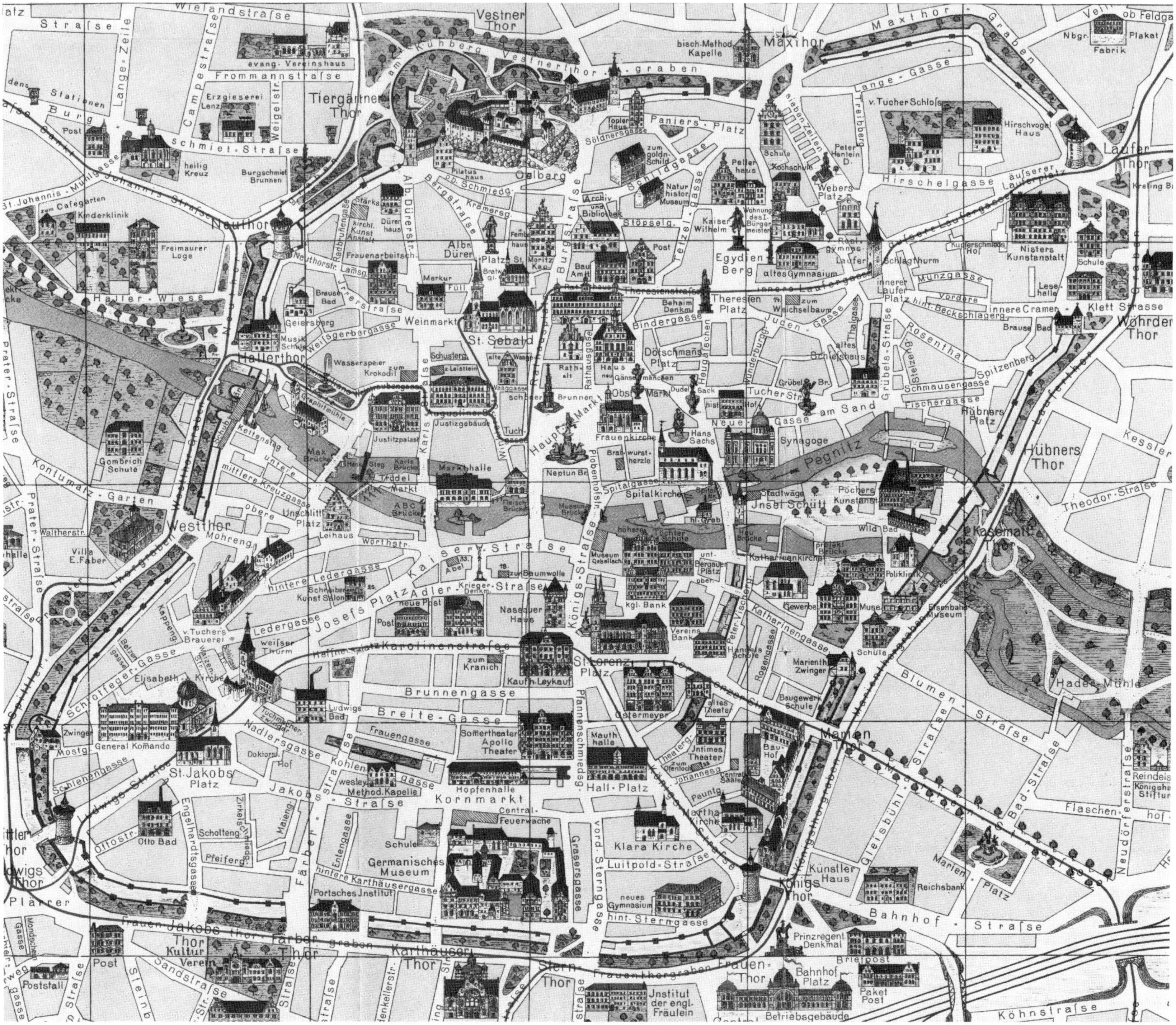

Stadtplan der Kunstanstalt Nister, Nürnberg, um 1900.

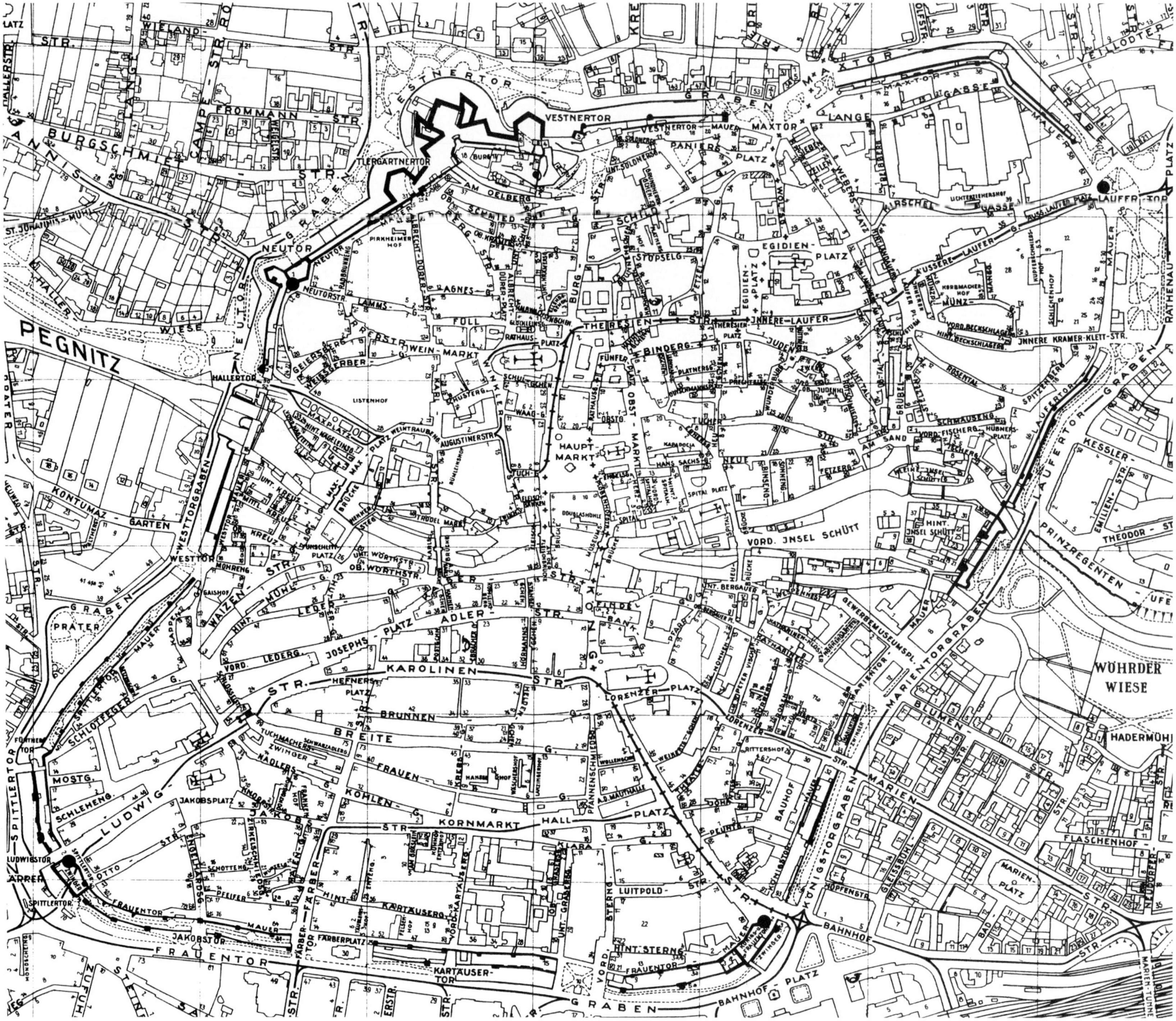
PEGNITZ
VESTNERTOR
VESTNERTOR-GRABEN
VESTNERTOR-MAUER
MAXTOR
MAXTOR-GRABEN
MAXTOR-GASSE
TIERGARTNERTOR
NEUTOR
NEUTOR-GRABEN
NEUTORSTR.
HALLERTOR
HALLERWIESE
WESTTOR
WESTTORGRABEN
KONTUMAZ-GARTEN
PRATER
SPITTLERTOR
SPITTLERTOR-GRABEN
LUDWIGSTOR
LUDWIG-STR.
JAKOBSPLATZ
JAKOBSTOR
FRAUENTOR
FRAUENTOR-GRABEN
FRAUENTOR-MAUER
KARTÄUSERTOR
FÄRBERPLATZ
FÄRBER-STR.
KORNMARKT
HALLPLATZ
LORENZER PLATZ
KÖNIGSTORGRABEN
BAHNHOF-PLATZ
BAHNHOF-STR.
MARIENTORGRABEN
MARIEN-PLATZ
MARIENTOR
WÖHRDER WIESE
HADERMÜHLE
PRINZREGENTEN-UFER
LAUFERTOR
LAUFERTOR-GRABEN
LAUFERTOR-MAUER
RATHENAU-PLATZ
ÄUSSERE-LAUFER-G.
INNERE-LAUFER-G.
THERESIEN-STR.
EGIDIEN-PLATZ
HAUPT-MARKT
WEIN-MARKT
RATHAUS-PLATZ
BURG-STR.
KAROLINEN-STR.
KÖNIG-STR.
ADLER-STR.
JOSEPHS-PLATZ
BREITE-G.
BRUNNEN-G.
FRAUEN-G.
KÖHLEN-G.
VORD. LEDERG.
KARL-STR.
WINKLER-STR.
VORD. INSEL SCHÜTT
HINT. INSEL SCHÜTT
SPITAL PLATZ
HANS SACHS-PL.
LUITPOLD-STR.
BLUMEN-STR.
GLEISSBÜHL
FLASCHENHOF
BURGSCHMIET-STR.
FROMMANN-STR.
WIELAND-STR.
ST. JOHANNIS-MÜHL
HALLER-WIESE
SCHLOTFEGER-G.
MOSTG.
SCHLEHENG.
OTTO-STR.
PFEIFER-G.
KARTÄUSERG.
HINT. STERNG.
VORD. STERNG.
UNT. GRASERG.
BAUHOF
ZWINGER
LISTENHOF
PIRKHEIMER HOF
AM OELBERG
SCHMIED G.
AGNES-G.
FÜLL
TUCHER-STR.
AM SAND
SCHMAUSENG.
KESSLER-STR.
THEODOR-STR.
EMILIEN-STR.
INNERE KRAMER-KLETT-STR.
ROSENTAL
GEWERBEMUSEUMSPL.
VEILLODTER-STR.
HIRSCHEL-GASSE
LANGE-GASSE
PANIERS-PLATZ
WEINTRAUBENG.
MAXPLATZ
AUGUSTINERSTR.
TRÖDEL MARKT
OB. WÖRTHSTR.
UNT. WÖRTHSTR.
WAIZEN-STR.
GRABEN

Bilderfolgen

1939

Blick vom Turm der Lorenzkirche über den nördlichen Teil der Altstadt zur Burg

1946

1979

1938

Von der Burgfreiung sieht man nach Süden über die Stadt

1945

1971

1935

1980

Luginsland, Kaiserstallung und Fünfeckiger Turm vom Vestnertorgraben

1950

1940

1981

1945

Heidenturm, ein Teil der Kaiserburg

1945

Platz am Tiergärtnertor mit Pilatushaus und Burg

1940

1981

1930

1945

1971

Bergstraße mit Tiergärtnertorturm

1923

1945

1987

1935

1987

1945

Obere Krämersgasse/Bergstraße

1945

1935

1982

Albrecht-Dürer-Platz und Sebalduskirche

1935

1944

1982

1936

1983

1945

Burgstraße und Rathaus

1945

Neutor mit Neutorturm

1935

1980

1935

1987

1945

Heilig-Kreuz-Kirche in der Johannisstraße

1935

1980

Neutormauer

1946

1951

Maxplatz mit Triton-Brunnen

1935

1981

1944

1982

Weißgerbergasse

1935

1930

1965

1946

Egidienplatz mit Egidienkirche

1935

Egidienkirche, Innenansicht

1945

1969

Pellerhaus am Egidienplatz

1935

1945

1980

Grolandhaus am Paniersplatz (nach dem Kriege wurde die Straßenführung geändert)

1935

1945

1983

Untere Söldnersgasse,
das Topplerhaus

1939

1946

1985

1935

1969

Tucherschlößchen in der Hirschelgasse

1945

1988

1934

Wolffscher Rathausbau, Westfassade

1945

1936

1945

1985

1917

Moritzkapelle mit Bratwurstglöckchen (nördlich der Sebalduskirche)

1944

1985

1920

1979

1945

1941

1983

Winklerstraße mit den Türmen von St. Sebald

1950

1935

Blick vom Turm der Sebalduskirche über Albrecht-Dürer-Platz zur Burg

1945

1970

1943

Winkler & Schor
Fünferplatz
10
Bader-Schuhe
Bader-Schuhe
Zum Glasernen Himmel
Lederer-Bräu-Ausschank
Fünferplatz

Fünferplatz/Bindergasse

1945

1983

Theresienstraße
Blickrichtung Ost - West

1918

1945

1981

1942

Theresienstraße von West nach Ost gesehen

1945

1981

1918

Theresienplatz mit Martin-Behaim-Denkmal

1949

1983

1939

1944

1983

1981

1946

Innere Laufer Gasse und Laufer Schlagturm

1935

1942

Innerer Laufer Platz

1945

1983

1933

1983

1945

Äußere Laufer Gasse mit Laufer-Tor-Turm

1941

Blick vom Laufer-Tor-Turm nach Westen

1947

1976

1945

Der Maxtorgraben und die Maxvorstadt vom Laufer-Tor-Turm aus gesehen

1941

1976

1939

1986

1945

Rathenauplatz (früher Feldmarschall-von-Hindenburg-Platz) und Sulzbacher Straße

1945

1937

1976

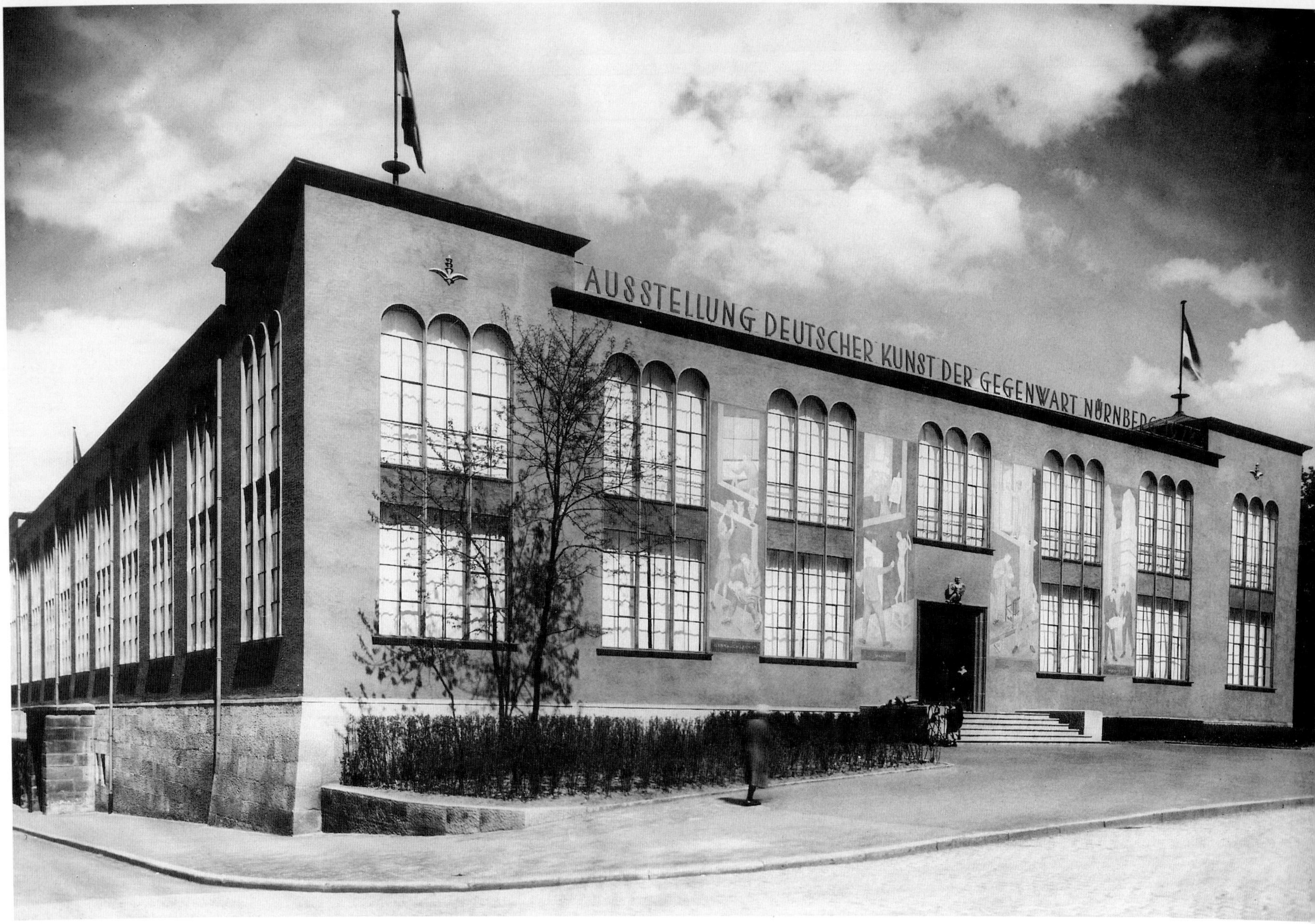

1928

Norishalle am Marientorgraben

1945

1987

1920

Luitpoldhaus am Gewerbemuseumsplatz

1945

1956

1923

Teil des Kreuzganges im Innenhof des Katharinenklosters

1945

1983

1980

1946

Südlicher Pegnitzeinfluß bei der Steubenbrücke

1917

1946

Pegnitzpartie gegenüber der Insel Schütt

1935

1966

1940

1983

1946

Die Heilig-Geist-Kirche von Südosten

1946

Heilig-Geist-Kirche vom Hans-Sachs-Platz gesehen

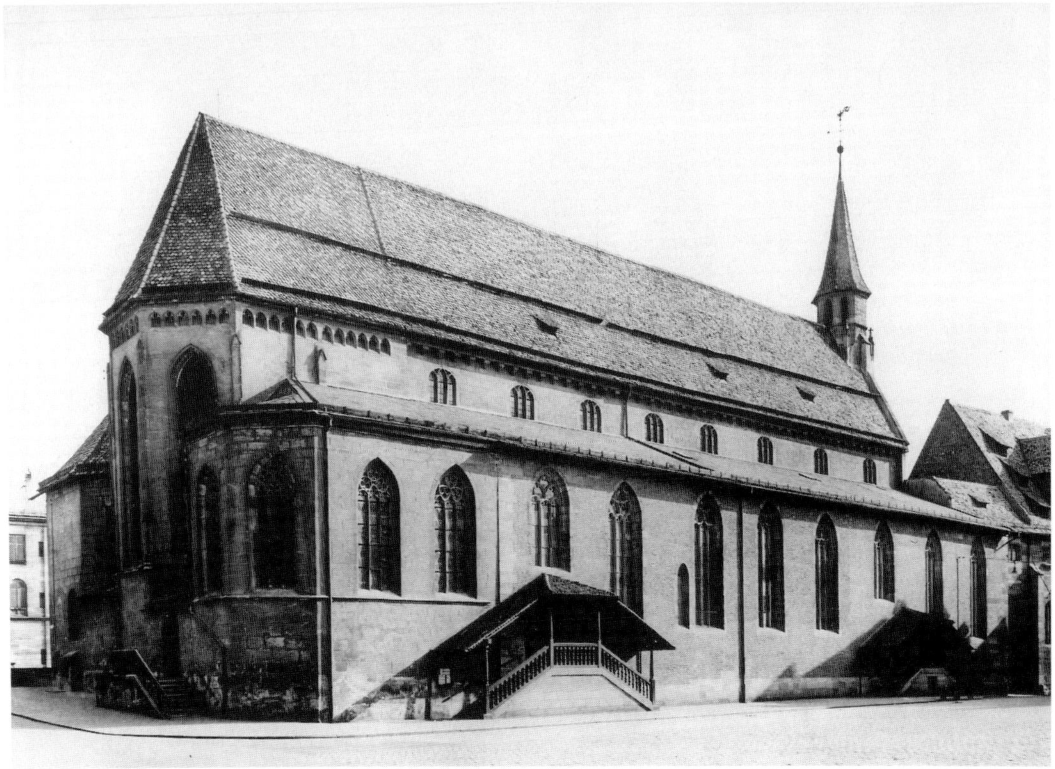

1935

1962

1946

1980

Heilig-Geist-Spital, Kreuzigungshof

1939

1931

Hans-Sachs-Platz

1945

1982

1942

1945

1981

1985

1935

Tucherstraße

1950

Georg Eisenbach
Rostbratwurst-Küche
Bratwurst Röslein
Café

1935

1945

1983

1938

Hauptmarkt überragt von den Türmen der Sebalduskirche

1945

1968

1945

1959

Frauenkirche, Innenansicht

1934

1935

1980

Plobenhofstraße, Blick zum Hauptmarkt

1946

Hauptmarkt
von der Fleischbrücke gesehen

1930

1945

1980

1939

Heilig-Geist-Spital von der Museumsbrücke

1945

1980

1936

1966

1945

Blick auf die Fleischbrücke

Weinstadel mit altem Wasserturm

1945

1940

1983

1945

Königstraße, links Mauthalle, im Hintergrund die Türme von St. Lorenz

1935

1980

1946

Nassauer Haus, Ecke Königstraße/Karolinenstraße

1938

1979

1945

1930

1979

1980

1945

Lorenzkirche — Königstraße

1930

1927

1980

1943

1944

1947

1979

1935

1946

Elisabethkirche, Jakobskirche, in der Mitte Weißer Turm

1935

1982

1944

Plärrer vom Spittlertorturm

1948

1980

1944

Frauentorgraben, Richtung Plärrer

1935

1988

1946

Kornmarkt

1943

1983

Mauthalle, Westansicht

1935

1945

1980

1944

1987

1947

Landgrabenstraße mit Christuskirche

1944

Tafelfeldstraße

1944

1987

1940

Bartholomäuskirche in Wöhrd

1943

1985

Wöhrder Hauptstraße

1939

1945

1979

1938

1987

Wöhrder Schulgasse

1946

1935

Regensburger Straße, Hallerschlößchen

1944

KRAUSS
V·A·G
Verkaufszentrum autohauskrauss
Audi
LT
München
Nordstadt
Centrum

1987

1935

1943

1980

Bildquellennachweis:

S. 8 Staatsarchiv Nürnberg, Hallerbuch (Handschriften Nr. 211, fol. 56).

S. 11 Archiv E. Eichhorn, Nürnberg.

S. 13 L. Eichhorn, Nürnberg.

S. 15 Bildstelle und Denkmalsarchiv Stadt Nürnberg, Hochbauamt.

S. 17 Hallerarchiv, Großgründlach.

S. 19 E. Oellermann, Nürnberg.

S. 20 W. Schwemmer, Nürnberg — Ansichten aus alter Zeit, 1958.

S. 23 Kupferstichkabinett des Germanischen Nationalmuseums, Nürnberg.

S. 25 Kupferstichkabinett des Germanischen Nationalmuseums, Nürnberg.

S. 29 Stadtgeschichtliche Museen, Nürnberg.

S. 34 Kupferstichkabinett des Germanischen Nationalmuseums, Nürnberg.

S. 36 Archiv E. Eichhorn, Nürnberg.

S. 38 E. Lutze, Einst im alten Nürnberg, 1939.

S. 39 Kupferstichkabinett des Germanischen Nationalmuseums, Nürnberg.

S. 42 E. Eichhorn, Nürnberg (oben).

S. 42 W. Waetzoldt, Dürers Befestigungslehre, 1917 (unten).

S. 44 W. Schwemmer/W. Kriegbaum, Nürnberg — Historische Bilderfolge einer Deutschen Stadt, 1951.

S. 47 F. T. Schulz, Nürnbergs Bürgerhäuser und ihre Ausstattung, Erster Band, Das Milchmarktviertel, 1933.

S. 48 Stadtgeschichtliche Museen, Nürnberg.

S. 51 E. Eichhorn/W. Schultheiß, Nürnberg, 1982.

S. 53 W. Schwemmer/W. Kriegbaum, Nürnberg, Historische Bilderfolge einer Deutschen Stadt, 1951 (links).

S. 53 N. Götz, Um Neugotik und Nürnberger Stil (Nürnberger Forschungen, Bd. 23), 1981 (rechts).

S. 54 Druck bei Lothar von Faber, Die Zukunft Nürnbergs, 1879.

S. 57 E. Eichhorn, Nürnberg (oben).

S. 57 Kupferstichkabinett des Germanischen Nationalmuseums Nürnberg (unten).

S. 63, 64, 65, 76, 77
Stadtplanungsamt, Nürnberg.

S. 69, 72, 84, 86/87
US-Army, Washington.

S. 88 E. Eichhorn, Nürnberg.

S. 106 Kupferstichkabinett des Germanischen Nationalmuseums, Nürnberg.

S. 107 Stadtbibliothek Nürnberg.

S. 108 Hochbauamt Nürnberg.

S. 118, 126, 225, 226, 233 oben,
Sammlung Kurt Müller, Nürnberg.

Alle anderen Abbildungen:
Hauptamt für Hochbauwesen, Nürnberg.
Bildstelle und Denkmalsarchiv.

Inhalt